AF495773

ÉPIGRAPHIE,

HISTORIQUE, HÉRALDIQUE

et Campanaire

CANTON DU PARCQ,

Par Roger RODIERE,

Membre de la Commission Départementale des Monuments Historiques

ARRAS

IMPRIMERIE RÉPESSÉ, CASSEL ET Cie

RUE PASTEUR, 19-21

—

1908

CANTON DU PARCQ

AUCHY-LES-MOINES

I. — EGLISE ABBATIALE DE SAINT-SYLVIN

Auchy-les-Moines (alias Auchy-lez-Hesdin) doit son nom traditionnel à l'ancienne abbaye bénédictine fondée au VIIe siècle pour une communauté de femmes, par les soins de saint Sylvin, évêque régionnaire ; détruite par les Normands et rétablie en 1072 par le comte Enguerrand d'Hesdin, qui y mit une congrégation de moines sortis de l'abbaye de St-Bertin. Depuis lors, et pendant plus de 700 ans, l'histoire d'Auchy n'est guère que celle des luttes soutenues contre l'abbaye-mère qui tenait sa fille sous un joug très dur.

Les annales de ce monastère ont été écrites par deux fois (1), et bien antérieurement son Cartulaire avait été édité, partiellement du moins, par un très savant religieux de l'abbaye, Dom Bétencourt (2). Mais les documents épigraphiques sont rares, et si ce n'est l'épitaphe du comte Enguerrand, il ne nous en reste pas un seul antérieur au XVIIIe siècle.

De l'abbaye elle-même, rien ne subsiste. Transformée en filature après la Révolution, elle brûla de fond en comble en 1834. Heureusement, la belle église abbatiale est encore debout ; l'incendie en détruisit les toitures, mais le feu s'arrêta devant la résistance des voûtes gothiques. L'excellence de la conception des anciens maîtres d'œuvre fut ainsi, une fois de plus, prouvée par l'événement.

---

(1) A. de Cardevacque, *Hist. de l'abbaye d'Auchy-les-Moines*, Arras, 1875, 255 pp. in-8°. — Abbé Fromentin, *Essai historique sur les abbés et l'abbaye de St-Silvin d'Auchy-les-Moines*, 1re édit., Arras, 1876, 162 pp. in-12 ; 2e édit., Arras-Paris, 1882, 392 pp. in-8°. Cette dernière édition est ce que l'on a de mieux et de plus complet sur cette abbaye.

(2) Ce précieux recueil fut imprimé en 1788, sans date et sans nom d'imprimeur, à 25 exemplaires ; il contient 251 pièces en 416 pp. in-4° (Fromentin, 2e édit., pp. 328 et 334).

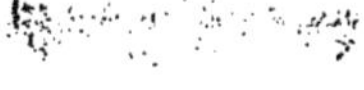

Cette église date des dernières années du xiii° siècle ; elle mériterait une étude approfondie ; jusqu'ici, on ne s'en est occupé que pour essayer de prouver qu'elle remonte à l'an 1072 (1). Thèse insoutenable, s'il en fut, et que l'examen le plus superficiel dément, dans l'état présent d'avancement de la science archéologique ; on pouvait disserter là-dessus il y a cinquante ans ; aujourd'hui la cause est jugée.

Ici d'ailleurs, par une singulière et rare bonne fortune, nous avons une date certaine : le Cartulaire de Bétencourt contient une charte de janvier 1282 (2), relative à la dotation de la cure de Lugy ; l'abbé et les moines d'Auchy s'y plaignent des nombreuses charges qui les grèvent, notamment à cause de la ruine et chûte de leur église, et de la reconstruction d'icelle et de sa tour : « *tam pro ruina ecclesie que corruit, et pro relevatione ejusdem cum turri.* »

C'est bien de la fin du xiii° siècle que date la presque totalité de l'édifice actuel : les murs du chœur et de la grande nef, les voûtes des bas-côtés, le portail et ses deux clochers. Les colonnettes du portail, avec leurs chapiteaux à crochets retroussés et recroquevillés, sont même bien caractéristiques du xiv° siècle. Les voûtes de la nef et du chœur ont été refaites moins hautes, avec des nervures prismatiques, à une époque incertaine ; à la première travée du bas-côté sud, une clef est datée de :

1616

Mais cependant les ogives toriques de cette travée sont bien du xiv° siècle comme les voisines.

Les historiens de l'abbaye nous apprennent que l'église fut « reconstruite » par l'abbé Eustache Crugeot, qui en posa la première pierre en 1614 (3), et que son successeur Gonzalès de Alveda (1660-1676) « reconstruisit » encore cet édifice (4). Il y a là, comme le fait très-bien observer M. l'abbé Fromentin (5), une exagération manifeste ; il ne peut s'agir, en réalité, que d'une restauration. Les voûtes de la grande nef, que M. de Cardevacque croit

---

(1) Jules Lion, *l'église d'Auchi*, 1858, 9 pp. — Aug. Terninck, *Notice sur l'abbaye et l'église d'Auchy-lez-Hesdin*, 7° fascicule du t. II de la *Statistique monum. du P.-d.-C.*, 1860, 14 pp. in-4°.
(2) N° CXCV, p. 263.
(3) A. de Cardevacque, op. cit., p. 127.
(4) Ibid., p. 128.
(5) PP. 224 et 236.

refaites après l'incendie de 1437 (1), pourraient bien être l'œuvre d'Eustache Crugeot ; les murs latéraux des bas-côtés sont encore plus récents.

Avant la Révolution, l'église d'Auchy gardait le tombeau de son fondateur, le comte Enguerrand d'Hesdin. Il reste deux gravures de cette dalle funéraire, insérées l'une dans l'*Histoire d'Artois*, d'Hennebert (2), l'autre dans le Cartulaire de Dom Bétencourt (3). La seule inspection de ces dessins suffit à faire voir que, comme l'église elle-même, la pierre tombale avait été renouvelée au XIIIe siècle.

Le comte est figuré au trait, debout, armé de pied en cap. Son visage est caché par la visière d'un morion à nasal et œillères, timbré d'une couronne à trois fleurons ; la cotte de mailles, qui recouvre tout le corps, est couverte d'une tunique descendant jusqu'aux genoux. Un large bouclier, armorié du rais d'escarboucle des comtes d'Hesdin, cache une partie du corps du défunt, dont les mains sont jointes dans l'attitude de la prière. L'épée pendue au côté gauche, il foule aux pieds deux dragons.

L'effigie est encadrée par deux colonnettes avec chapiteaux à crochets, portant un arc trilobé et brisé, surmonté d'un gable aigu dont la pointe est ornée d'un fleuron. De chaque côté du gable, se dessine l'architecture d'une imposante forteresse.

L'épitaphe, sur le pourtour de la dalle, se lit ainsi (4) :

✠ HIC : IACE[t ‖ *Ing*] ELRAMNUS : COMES : QUI : HANC : ECCLESIAM : ALCHIACEN : AB : EXER ‖ CITU : WERMONDI : ET : YSEMBAR ‖ DI : DESTRUCTAM : RESTAURAUIT : ANNO : UERBI : INCARNATI : MLXXII (5).

Wermond et Ysembard étaient les chefs normands qui, en 881, auraient détruit le monastère de sainte Sicchède.

La date 1072 est celle du rétablissement de l'abbaye ; celle de l'année de la

---

(1) P. 110. Le passage de chronique sur lequel s'appuie cet auteur paraît concerner Auxy-le-Château plutôt qu'Auchy-les-Moines (J. Lion, loc. cit.).

(2) Tome I, p. 273.

(3) N° VIII.

(4) Elle commence au milieu de la ligne du haut, et se lit de gauche à droite.

(5) L'abbé Parenty (*Gazette de Flandre et d'Artois*, 1840) et à sa suite M. de Cardevacque (p. 42) lisent *dirutam* au lieu de *destructam*.

mort du comte était devenue illisible au xviii⁰ siècle. On lisait seulement sur l'arc trilobé encadrant la tête d'Enguerrand, ces mots :

QUINTO : IDUS : NOUEMBRIS : OBIIT : INGELRAMNUS : COMES : (1).

Cette curieuse pierre, déjà très endommagée puisque les gravures la représentent fendue en cinq morceaux, a disparu pendant la Révolution.

La tombe d'Enguerrand de Bournonville, seigneur de Mouriez, tué à Azincourt (1415), et celle de son bâtard Herman (2) n'ont làissé aucune trace.

Il nous faut descendre ensuite jusqu'en 1726 pour trouver l'épitaphe, également perdue, de Dom Bertin Portebois, abbé d'Auchy. Le Grand Cartulaire de S¹ Bertin nous en a conservé le texte (3) :

E vivis subitaneâ apoplexiâ eripitur, 24 decembre 1726, Parisiis ubi pro tertiâ vice ab Artesiæ comitiis erat delegatus, amplissimus ac reverendus admodum Domnus Portebois, Sancti Bertini religiosus professus ac sacerdos. — Nec non monasterii Sancti Silvini de Alciaco, diocesis Boloniensis, abbas meritissimus ; ætatis annos numerans 84, sacerdotii 40, dignitatis abbatialis 24. — Vir erat maximo ingenii præditus acumine, in solvendis rebus difficillimis sagaci judicio, adeo ut per septem fere annos, inter magnas temporum varietates, Artesiæ negotiis sit præfectus. — Omnibus affabilis. — Pauperem tum cibo tum concilio sublevabat, paucis contentus, omnia sua in Dei honorem, cultumque promovendum impendebat ; sed quid humanæ defuncto prodesse possunt laudes ? Preces et suffragia querit. — Quis deneget, qui eum noverit ?

Les inscriptions qui vont suivre sont également détruites aujourd'hui, sauf une seule ; elles se trouvaient autrefois dans le dallage de l'église, et furent publiées en 1876 par M. Georges Vallée (4).

I. — En face la chaire de vérité :

Hic jacet R. Dom Maurus Defontaine, prior meritissimus, obiit 1ᵃ aprilis 1730, ætatis 73. Bene ei, lector, adprecare.

---

(1) Ibid. — Sur la planche de Bétencourt, cette dernière inscription est illisible. L'abbé Parenty dit que le casque du comte était « chargé d'une croix surmontée d'une fleur de lys ». Voir plus haut la description exacte.

(2) Ibid.

(3) Tome X, pp. 211 et 212. — Cardevacque, p. 135.

(4) *Bull. de la Soc. des Antiq. de la Morinie*, t, V, pp. 482-484, d'après une communication de M. l'abbé Hocq, curé d'Auchy. Une autre copie, envoyée par le même ecclésiastique à M. de Cardevacque, m'a permis de faire quelques additions.

II. — Contre le second pilier de la grande nef, du côté de l'Epitre :

Icy reposent les corps des sieurs Philippe Brassart, prêtre religieux de cette abbaye, décédé le 27 janvier 1727, âgé de 30 ans, profès de 3 et prêtre de 2.

Et de Philippe Brassart, son père, décédé le 12 d'aoust 1726, âgé de 66 ans, ancien mayeur d'Auchy, greffier de l'abbaye, lieutenant de Rollancourt.

La mémoire de leurs mérites et vertus les rend recommandables à vos prières pour le repos de leurs âmes. Requiescant in pace.

III. — Sur une dalle en marbre blanc, en face le premier pilier qui suit l'autel de la Sainte Vierge ;

HIC JACET

R. D. DOMINVS ADRIANVS COFFIN

HVIVS MONASTERII RELIGIOSVS

ET SACERDOS AETATIS SVAE

42 ASSVMPTI HABITVS 23

OBIIT 15 DECEMBRIS 1738

REQVIESCAT IN PACE

AMEN (1).

IV. — Du côté de l'autel de la Sainte Vierge, plus bas que la précédente, se trouvait l'inscription suivante :

D. O. M. Icy repose le corps de Pierre de Wamin, en son vivant fermier à la Carnoye, qui trépassa le 6 avril 1726, âgé de 40 ans, et de damoiselle Marie-Joséphine Dumaniez, son épouse, qui trépassa le 25 juillet 1766, âgé de 40 ans. Requiescant in pace.

V. — Contre le bénitier :

Hic jacet R. Dom. Folquinus Blangy, religiosus professus hujus monasterii, quondam superior (2) et novitiorum magister, qui obiit 1ª junii MDCCVIII. Requiescat in pace.

VI. — Un peu plus haut, du côté de l'autel de S¹ Nicolas :

Icy repose le corps de Jacques Dubois, native (sic) du Cauroy, paroisse de Berlencourt, décédé le 5 8ᵇʳᵉ 1727, âgé de 73 ans. Priez Dieu pour le repos de son âme. Requiescat in pace.

---

(1) J. Lion, *Bull. Morinie*, t. VI, p. 276. Le même auteur reproduit ensuite l'épitaphe de Dom Silvin Remy (ci-après) et cite celle — déjà plus fruste — de la famille Brassart.

(2) Lisez *subprior* ?

VII. — Même emplacement :

Ici gistent le corps de Pierre Bournisien, jeune homme à marier...... Le reste est indéchiffrable (1).

VIII. — Près de l'endroit où se trouvent actuellement les fonds baptismaux :

HIC

IACET R. D.

SILVINUS REMY

HUIUS MONASTERII

REL. PROF. ET SACERDOS

QUI OBIIT 11. NOV. 1709.

ÆTATIS SUÆ 64.

ORATE PRO EO

......iescat in Pace.

Cette dalle — carreau bleu posé en lozange — est la seule encore lisible de toutes celles qui précèdent. Les autres sont aujourd'hui entièrement détruites, et ce n'est pas étonnant, car, jetées sur le passage du public devant le portail, et sous la gouttière du toit, elles ne pouvaient que s'effacer rapidement. On voit donc là quatre pierres tombales sur lesquelles on ne peut plus rien lire : une cintrée, en pierre bleue ; une carrée de même matière, et deux de marbre blanc, dont l'une encadrée de bleu. Seule, celle de Dom Remy, plus solide ou mieux protégée (elle est contre le pied-droit nord du portail), subsiste encore.

Voici les notes dont M. Vallée accompagnait sa publication :

« Ces pierres tombales, dont M. l'abbé Hocq, curé d'Auchy, a bien voulu me transmettre les inscriptions, ont été enlevées du pavé de l'église, lors du carrelage neuf, exécuté en 1872 ; les unes ont été replacées à l'extérieur, vis-à-vis le grand portail, les autres ont été déposées derrière le maître-autel. Il est regrettable qu'on n'ait pas songé à les placer dans les murailles de l'église, où sont inhumés ceux qu'elles recouvraient. Les dalles placées à l'extérieur surtout, et à un endroit de passage, seront promptement détériorées.

« Les sépultures que ces dalles, l'une en marbre blanc, les autres en pierre bleue, abritaient, datent du commencement du xviiie siècle, sous l'administration des abbés Dom Bertin Portebois et Dom Georges Marissal (1702-1726, 1728-1748).

---

(1) Ce fragment n'est pas reproduit par M. Vallée.

« L'une est celle d'un Hesdinois distingué, Adrien Coffin, proche parent des Coffin de Vinbrel, inhumés en l'église de Marconne et dont j'adressais dernièrement les épitaphes à la Société (1), qui portaient pour armoiries : *de gueules au carquois d'or accompagné de deux étoiles à cinq pointes, d'argent.* Cette famille, déjà connue dans l'ancienne ville d'Hesdin, a compté dans la bourgeoisie du nouvel Hesdin, un grand nombre d'échevins et de magistrats civils et judiciaires.

« A la mort de l'abbé d'Auchy, Placide de Brandt (19 mars 1702), l'évêque de Boulogne, Pierre de Langle, confia la direction du monastère à Dom Folquin *Blangy* (ou plutôt *de Blangy*), en lui donnant comme sous-prieur D. Defontaine, que M. de Cardevacque, à qui j'emprunte quelques-uns de ces renseignements biographiques, appelle tantôt *Marie*, tantôt *Marin*, mais dont le vrai prénom est *Maur. (L'Abbaye d'Auchy-les-Moines*, par Adolphe de Cardevacque, Arras, Sueur-Charruey, 1875, in-8°). D. Folquin n'accepta pas cette charge ; du reste la vacance ne fut pas longue, Dom Bertin Portebois était abbé d'Auchy, le 1ᵉʳ novembre 1702.

« Dom Philippe Brassart était trésorier du monastère sous cet abbé. Quant à D. *Silvin Remy*, et non *Sylvain Denis*, selon M. de Cardevacque, qui ne paraît pas du reste avoir eu connaissance de ces inscriptions funéraires, il fut contemporain de l'abbé de Brandt, de la grande famille des de Brandt, comtes de Galametz, de Marconne, etc., ayant entrée aux Etats d'Artois, et qui portaient *d'azur à 3 flammes d'argent, 2 et 1* ». (2)

Les magnifiques stalles du chœur — les plus belles boiseries de la région après celles de Valloires — étaient ornées, aux deux portes des sacristies, de deux écussons ovales sous couronne de comte, avec mitre et crosse. Au nord, on voit encore très-bien, malgré les coups de hache révolutionnaire, le rais d'escarboucle qui constitue les armes de l'abbaye. Au sud, l'écu de l'abbé a été mieux martelé et on n'y distingue plus rien. Ces boiseries étant du temps de Louis XV, cet écusson doit être aux armes de Louis Frevier (1748-1786) ou de son prédécesseur Georges Marissal (1728-1748). Ces armes sont inconnues.

Une ancienne cloche de l'abbaye d'Auchy sonne aujourd'hui dans le campenard de Beaurainchâteau (3). Elle date de 1774. Trois autres furent fondues

---

(1) Voir Canton d'Hesdin, p. 110.

(2) *Bull. Morinie*, t. V, p. 483.

(3) Cf. Canton de Campagne, p. 7, l'inscription de cette cloche, qui porte les noms de tous les officiers conventuels de l'époque.

Rappelons ici cette inscription :

pour la paroisse, deux en 1601 par Léger de Ransart, fondeur d'Arras (1),

---

✠ AN 1774 ABBATIA VACANTE SVB D. LORETTE PRIORE D. PAVCHET NOVIC. MAG. D. BEVGIN PROCVRAT. D.

✠ VAST ADMINIST. FVSA EST. MARIA SCOLASTICA.

En bas, un Christ, et, de l'autre côté :

J. BAPTISTE DE

LARCHE FONDEUR

DE CLOCHE

A HELENCOURT.

C'est ce fondeur que M. Farnier (*Not. hist. sur les cloches*, 1882, p. 39) appelle fautivement *Delaroche* : « Delaroche, fondeur à Elencourt, près Granvillers, fondit en 1789 une cloche pour Ernemond-Boutavant (Oise) ».

Voir une note substantielle sur les Delarche, dans l'excellente *Épigraphie du canton de Grandvilliers*, par l'abbé Meister, 1905, p. 42.

(1) Voici la copie de deux actes relatifs à ces cloches :

1601. — Le vingtseptiesme jour de mars an mil six cens et ung, pard[t] nottaires soubseignés, sont comparus en personnes Charles Balavoine, premier eschevin d'Auchy les Moisnes, Loys de Wailly, maneglier de l'église dud. lieu, habitans dud. lieu et eulx faisans fors des aultres inhabitans dud. village, d'une part ; Mre Légier Ranssart, fondeur de cloches d'Arras, d'aultre part. Lesquelz ont faict accord et marchiet avecq led. de Ranssart pour leur faire et fondre deux cloches de bon métail quy devront avoir le son et armonie de *la*, *si*, por les metre au clocher de lad. église, dont l'une debvra pezer le nombre de nœuf cens livres ou environ, et l'aultre à l'advenant, pour furnir aud. accord et armonie cy dessus. Partie du métail desquelles cloches lesd. susnommés ont promis et seront tenus de livrer aud. Ranssart en ceste ville et au poix d'icelle, et dont pour le surplus dud. métail qu'il conviendra furnir pour l'accomplissement et entière perfection desd. cloches, icelluy Ranssart a promis et sera tenu le livrer et metre en œuvre à ses despens aussy bon et vaill(able) que eestuy que luy est livré par lesd. habitans, passant tous esgardz et aultres personnes en ce congnoissans. Le pris duquel lesd. susnommés seront tenus de paier aud. Ranssart la somme de 35 livres de chacun cent sans par eulx paier aulcune chose pour le fondaige et fachon ou aultres frais quelconcques de ce qu'il livrera dud. métail et aultrement ; et pour la fachon et fondaige du métail que luy livreront lesd. susnommez, ilz seront tenus en paier aud. Ranssart la somme de six florins cincq pattars pour chacun cent. Moiennant quoy certaine obligation passée par les susnommés et aultres habitans y dénommés dud. village au bourg de Fruges demeure cassé et nulle, et pour telle leur sera rendue au jour de la livrison desd. cloches. Lesquelles led. Ranssart a promis et sera tenu livrer et rendre à ses despens en ceste ville et au poix d'icelle par dedens quinze jours après Pasques communiaux prochainement ; et icelles tenir bonnes et vaill(ables) ung

la troisième en 1685 par Philippe Geny, chaudronnier à Hesdin ; cette dernière,

---

an du jour de lad. livrison, sonnantes et concordantes l'une à l'autre au son et armonie cy dessus spéciffié, à paine de vingt florins d'intérestz quy luy seront desduict et rabbatu sur la somme principalle quy luy sera deubt pour lesd. cloches par lesd. susnommés ; comme aussy à paine de tous aultres intérestz quilz polroient advenir en cas que pendant led. an lesd. cloches ne furent suffisamment achevées, et en mesme bonté et valleur que cy dessus est dit, enssamble de venir querre lesd. cloches en cas qu'elles ou l'une d'elles vinssent à se casser pendant led. an, aud. Auchy, et les reffondre et remetre au mesme estat que cy dessus est dit, du tout à ses despens, pourveu que ce n'advienne par la rompture des cordaiges et aultres instrumens servans à pendre cloches, estant icelles pendus aud. clocher ; auquel cas led. Ranssart ne seroit submis ausd. intérestz ny réfection susd. Et la somme à quoy se trouveroient submis les susnommez habitans pour la fachon et livrison desd. cloches, iceulx susnommés ont promis et seront tenus les paier aud. Ranssart, sçavoir 30 florins au jour de la livrison desd. cloches, et le surplus iceulx seront tenus le paier à trois termes telz que Sainct-Remy, Pasques et Noël enssuivant lad{te} livrison, et à chacun d'iceux ung tierch. Aiant led. Ranssart pour sceureté et asseurance desd. susnommés de la livrison dud. métail quilz luy font et feront par dedens lundy prochain, avecq les escripteaux et armories quilz entendent faire apposer sur lesd. cloches, icelluy leur a mis et transporté en leurs mains la somme de 250 florins à luy deubz par les habitans, corps et communaulté du bourg de Fruges pour une partie, et pour aultre la somme de 109 florins que luy est aussy deubt par les habitans, corps et communaulté du village de Werchin ; pour par lesd. premiers comparans d'icelles en faire comme de leur propre et vraye chose, en cas que deffault y ait au furnissement et accomplissement de ce à quoy il est obligé et submis faire cy dessus vers lesd. d'Auchy, mectant à ces fins iceulx en son propre non et en les faisant vrays acteurs et principaulx demandeurs d'icelles deulx sommes, qu'il promet tenir bien et vaill(ablement). Aiant esté convenu et accordé entre lesd{tes} parties que advenant que led. Ranssart n'ait livré lesd{tes} cloches en cested{te} ville le jour de jœudy absolut prochain, selon qu'il a promis faire, iceulx premiers comparans luy rabbateront la somme de 71 solz sur le premier paiement desd. 30 livres susd{t} pour une despense faicte entre lesd. parties aud. Auchy. Et à tout ce que dessus, etc.

Eslisans à ces fins domicille pour le tout à la halle de ceste ville et Maison Rouge Arras. — Fait en la ville de Hesdin, les jours et an dessusd.

Charlles Ballavai(n)e.   de Ranssart.
                                            Louis de Wailly.

J. Fromentin.   Doremyeulx.
    1601.   1601.   (Gros d'Hesdin).

étant défectueuse, fut l'objet d'une expertise faite par Arnoul Chapperon, fondeur à Abbeville, et Pierre Chapperon, fondeur à Amiens (1).

---

(1) 1685, 19 8ᵇʳᵉ. Comparurent en leurs personnes Domp Amand Payen, p̄bre, curé d'Auchy les Moisnes, Hubert Tartart, André Prévost, Claude Barré, Jean Descau et Jean Henry, tous eschevins dudit lieu, représentans le corps et comunaulté dud. Auchy, d'une part; Ph̄les Geny, bourgeois et m̄re chaudronnier en ceste ville, d'autre part. Et recognurent lesdites parties, comme ainsy soit que ledit Geny s'estoit obleigez de fournir du mestail pour faire une cloche pour servir à l'église dudit lieu, il y a plusieurs annécs, qu'elle debvoit peser sept cens quarante cincq livres, et comme le mestail de ladite cloche s'est trouvé deffective, et que ladite cloche n'avoit pas de son comme elle debvoit avoir, dont ils ne pouvoient s'en servir pour l'usage et utilité du publicq, les premiers comparans auroient amesné ladite cloche en ceste ville pour la faire peser au poid, affin d'en recongnoistre son poid et la quallité dudit mestail; il s'est trouvé qu'elle ne pesoit que six cens vingt deux livres; et pour la quallité dudit mestail, ils auroient mis en cause ledit Geny au magistrat de ceste ville, à ce qu'il fust condamné à leurs livrer du bon mestail, pour par eux faire faire une cloche d'un pareil poid et quantité quy a deub livrer auparavant, avecq tous despens, dommages et intérests. Sur quoy il y auroit eu plusieures procédures, et mesme ordonnance rendue le huict de ce mois, par laquelle il at esté ordonné que ladite cloche sera veu et visitté par experts à desnommer par les parties au lendemain de la signiffication, sinon qu'il en seroit dénommé d'office; les premiers comparans auroient dénommées de leur part Arnoult Chapron, m̄ʳᵉ fondeur de cloche en la ville d'Abbeville, et ledit Geny Pierre Chapron, m̄ʳᵉ fondeur en la ville d'Amiens; lesquels auroient estés appellés le jour d'hier pour procéder à ladite visite, laquelle ils auroient fait, après serment presté. A l'intervention desquels fondeurs, et pour mettre fin audit procès, et aux prétentions que ledit Geny avoit contre ladite comunaulté d'Auchy pour le reliquat des mestaux quy leurs avoit livrés pour faire ladite cloche, les parties se sont accordées comme s'enssuit: C'est à sçavoir que ledit Geny sera obligez de faire refondre à ses despens ladite cloche, et la rendre pesante de six cens vingt deux livres, et de faire rafiner le mestail et fournir au deced (déchet) qu'il y aura, sy bien qu'elle sera du poid cy dessus dit, qu'elle debvra bien sonner, et estre bien façonnée, quy debvra la garandir un an du jour qu'elle sonnera, et subjecte à visitation. Et pourront lesd. premiers comparans faire augmenter ladite cloche jusqu'à quatre cens de pesant sy bon leur semble, et en ce faisant ils debvront livrer l'estoffe à l'appaisement du fondeur que ledit Geny conviendra pour fondre ladite cloche, laquelle debvra estre faite incessament, à peine de tous despens, dommages et intérests. Et pour les frais de fourneau et manœvres faict jusque à présent par lesd. habitans, iceux n'en pourront demander aucune chose audit Geny. Seront les dits premiers comparans tenus de payer audit Geny la somme de cent florins, sçavoir cincquante livres au Noël prochain, et

Depuis la Révolution, l'église d'Auchy possédait une cloche provenant de Rollancourt, dont l'inscription nous a été conservée par M. l'abbé Vivier :

MESSIRE CLAUDE FRANCOIS JOSEPH COMTE DE MARNIX CHEVALIER BARON DE ROLLENCOURT ET MADAME MARIE

✠ JOSEPH FERDINANDE DE LANNOY CHANOINESSE DE DENAIN MON MOMME ANNE FERDINANDE ANNE (*sic*)

✠ JAY ETE BENIE PAR M^TRE PIERRE JOSEPH BEAUVOIS CURE DE ROLLENCOURT PRESENS

✠ JEAN MARIE HIACINTHE HERMEL RESEVEUR DUDIT SEIGNEUR ET ALBERTINE FRANCOISE LESUR SA FEMME — 1766.

---

les autres cincquante livres à pareil jour enssuivant. Moiennant quoy ledit Geny ne peut rien prétendre contre ladite comunaulté du reliquat qu'il prétendoit, et mesme cède tous les droix qu'il avoit de recevoir sur plusieurs particuliers, et particulièrement sur les héritiers du feu sieur Médart Monard, vivant curé dudit lieu, sans néantmoins aucun garandissement. Et sera ledit Geny obligez de livrer présentement une petite cloche pesant cincq livres. Sera ledit Geny obleigez de payer les frais et journées desd. fondeurs, et particulièrement audit Mre Arnoult la somme de huict livres à quoy il est convenu pour avoir ses journées (séjourné) plusieurs jours, y compris sa visite ; et pour les despens du différend ils demeurent compenssées aussy bien que les journées et vaccations. Et au moien de quoy ledit différend prend fin. Et à ces fins est aussy comparu ledit Mre Arnoult Chapron, lequel a convenu avecq ledit Geny de fondre lad. cloche bien et deubvement, qu'elle sera sonnante et raisonnante, sans aucune fisture, subjecte à visitation, et d'y escrire ce qu'on luy ordonnera, [sans estre obligez d'y faire armes] (a) ; et debvra la garandir et la rendre bien sonnante un an entier du jour qu'elle commencera à sonner ; et à quoy ledit Mre Pierre Chapron s'y est aussy obligez comme caution solidairement ; moyennant quoy ledit Geny debvra payer trente livres sy tost que ladite cloche sera receuë bonne et vaillable et d'un bon timbre. Et ne sera ledit Chapron obligez à aucune manœuvre pour fondre ladite cloche, que cela se fera incessament. A l'entretenement, payement et satisfaction de tout quoy, les parties ont, chacun en leur regard, obligé tous leurs biens, etc. Fait et passé à Hesdin, le dix nœuf d'octobre XVIe quatre vingt cinq, pardevant les notaires royaux soubzsignez avecq les comparans. Ne pourra led. Chapron prétendre davantage pour l'augmentation de lad. cloche réservé (?) par lesd. premiers comparans.

A. Payen curé.

Hubert Tartar.   Claude Barré.   Jan Descau.   André Prevost.
Pierre Chapperon.   Jean Herry.   Philippe Geny.
    Arnoul Chapperon. (cloche en guise de paraphe).

A. de Labye.   Dupond.   (Gros d'Hesdin).

(a) Ces mots sont rayés.

D'un côté se trouvait une croix, avec une femme à genoux (la Madeleine) embrassant le pied de cette croix. De l'autre côté se trouvait la Ste Vierge tenant l'Enfant Jésus (1).

M. l'abbé Hocq fit fondre, en 1891, deux petites cloches avec les débris de celle-ci, qui était fêlée (2).

II. — ABBAYE

La seule chose intéressante qui reste de l'abbaye, détruite par l'incendie de 1834, est la digue de la chûte d'eau, solidement maçonnée en grés, et portant les armes des comtes d'Hesdin, fondateurs du monastère : *parti d'argent et de gueules, à 2 étoiles à 6 rais posées en chef, de l'un en l'autre.*

Il est probable que cet écusson est posé en cœur sur l'escarboucle pommeté de 8 rais d'or en champ d'azur, qui complète les armes des comtes. La petitesse et la vétusté de pierre armoriée, placée loin de la vue du spectateur, ne permettent pas d'affirmer qu'il en soit ainsi.

---

(1) Registre de paroisse de Rollancourt.

(2) L'une de ces cloches est dans la tourelle du nord, l'autre dans celle du sud ; ces petites tours ne pourraient, d'ailleurs, contenir de plus grosses cloches, et l'on se demande même où l'abbaye logeait sa sonnerie.

Feu M. Hocq, curé d'Auchy, avait commencé à rédiger, sur le registre aux délibérations du Conseil de fabrique, le procès-verbal de bénédiction des deux cloches neuves ; il ne l'a pas achevé. Voici la copie de ce qu'il a écrit :

« Avant de dresser le procès-verbal de la bénédiction des deux cloches nouvelles affectées au service paroissial de l'église d'Auchy, je crois bon de dire un mot sur la sonnerie ou plutôt sur la cloche que sont appelées à remplacer les deux cloches dont il va être question. Avant la Révolution française, il y avait sûrement une cloche dans le clocher de l'église paroissiale, qui a disparu à la suite de la tourmente révolutionnaire. Quant à l'église de l'abbaye, actuellement église paroissiale, il y avait probablement deux cloches, comme semblent l'indiquer les deux tourelles; entr'autres la cloche dite de St-Silvin ; cette dernière était populaire dans l'endroit ; on la sonnait, je crois, en temps d'orage pour écarter la foudre et le tonnerre. On ne sait ce qu'elle est devenue. On penche à croire que les religieux l'ont mise si bien en lieu sûr, qu'on ne la retrouve pas..... »

« Lorsqu'en 1792 il fut ordonné aux municipalités de ne conserver qu'une seule cloche pour convoquer le peuple aux assemblées communales, les habitants de Rollancourt, village voisin d'Auchy, avaient envoyé à Hesdin la plus petite de celles que le comte de Marnix venait de donner à l'église, peu d'années auparavant. Sur la demande

III. — FERME DE LA CARNOYE

Cette ferme, autrefois dépendante de l'abbaye d'Auchy, a appartenu aux de Wamin et aux Quendalle. Les bâtiments sont du XVIIIe siècle. Une pierre saillante, au-dessus de la porte d'entrée, porte la date :

1537

mais elle a été certainement rapportée d'un corps de logis plus ancien.

AZINCOURT

I. — EGLISE SAINT-NICOLAS

L'église est en forme de croix latine ; le chœur et la nef sont sans caractère. La tour, en avant-corps, est encore gothique, malgré la date :

17 (soleil) OZ

c'est-à-dire 1702, qui se voit au sommet de la face nord. Le 2 est figuré par un z à l'envers. Les chiffres sont en relief, sculptés en forme de cordelière.

---

adressée au District, on permit à la commune d'Auchy d'échanger sa cloche contre celle destinée aux fonderies de Saint-Omer » (Note de M. de Calonne, d'après le registre de la paroisse).

Cette cloche était placée dans la tour du nord.

Voici les inscriptions des cloches neuves ; je les dois à la complaisance de M. le Curé.

1° MONSIEUR ALBERT WATTINNE ET MADAME JOSEPHINE MASUREL SA FEMME M'ONT DONNEE A L'EGLISE D'AUCHY LES MOINES. J'AI ETE NOMMEE JOSEPHINE LUCIE MARIE PAR MR LOUIS WATTINNE ET MME ALBERT WATTINNE ET BENITE PAR MR PLANQUE DOYEN DE FILLIEVRES, MR HOCQ ETANT CURE D'AUCHY, L'AN DE N. S. 1891.

2° J'AI ETE DONNEE A L'EGLISE D'AUCHY LES MOINES EN SOUVENIR DE SES INSIGNES BIENFAITEURS M^R L'ABBE J. B. WALLET ET SES SŒURS NOMMEE ROSALIE JEANNE MARIE AMELIE PAR MR HOCQ CURE D'AUCHY LES MOINES ET DAME AMELIE WALLET VEUVE D'AUGUSTIN L'HUITRE ET BENITE PAR MR PLANQUE DOYEN DE FILLIEVRES L'AN DE N. S. 1891.

Fondeur : Drouot à Douai.

Au troisième étage, sur la même face, se voit une pierre saillante, mais bûchée, qui a dû porter des armes ou une inscription. Les embrasures des fenêtres hautes sont criblées de balles (guerre de 1709 ?).

Sur le mur Est de la tour, à l'intérieur, vers la nef, on voit encore deux écussons peints, restes d'une litre. Ils sont semblables l'un à l'autre, de forme ovale, et se lisent : *d'or au sautoir d'argent bordé de sable et accompagné de 4 aiglettes ou alérions de gueules ;* couronne de marquis ; supports : 2 licornes gardantes ; croix de St-Louis (?). Ce sont les armes de Rhunes : *d'*ARGENT *au sautoir d'*AZUR *cantonné de 4 aigles de gueules.* Après l'extinction de la famille d'Azincourt (*d'argent à une aigle à 2 têtes, éployée de gueules et membrée d'azur*), « les maisons de Gourlay et de Rhunes héritèrent successivement d'Azincourt, que cette dernière vendit en 1730 et 1733, moyennant 49200 livres, à Madame de Tramecourt, née Béthune-Desplanques » (1).

Le croisillon sud date de :

1681 (2)

millésime sculpté en relief sur une pierre de son pignon, et surmontant un cadran solaire. Il est cependant d'un bon style gothique ; sa voûte, très basse, est en étoile, avec clefs représentant l'Agneau de Dieu et les quatre symboles des Evangélistes.

Il avait été question, de 1846 à 1853, de construire dans le croisillon nord — actuellement réduit aux dimensions d'un petit oratoire — une chapelle consacrée à la mémoire des chevaliers tombés à la bataille d'Azincourt ; leurs

---

(1) Cte de Galametz, *Hist. généalog. de la maison de Tramecourt*, p. 182. — « On voit encore dans l'église d'Azincourt deux écussons aux armes de Rhunes » (Ibid.).

« Françoise d'Azincourt porta cette terre dans la maison de Gourlay, vers 1530, en épousant François de Gourlay, seig^r de Pendé ; Quentin de Gourlay, leur fils aîné, capitaine d'Abbeville, s'allia à Jacqueline de Montmorency, et Marie de Gourlay, sa petite-fille, ayant épousé Antoine de Runes, seig^r de Baisieu, ses descendants héritèrent de Léon et d'Antoine de Gourlay, ses neveux, morts sans postérité » (Jacqueline de Montmorency, veuve et dame d'Azincourt vers 1550). « Louis de Rune, seig^r de Baisieu, Puchevillers, vendit le 28 juin 1730, moyennant 9500 livres (*sic* ?) la terre et seigneurie d'Azincourt à Marie-Isabelle-Jacqueline de Béthune, veuve de Georges de Tramecourt, chevalier, seigneur de Tramecourt, Werchin et autres lieux » (Cte G. de Hauteclocque, *Dict. hist.*, *Saint-Pol*, II, p. 280).

(2) 8 carré (c.-à-d. à boucle supérieure aplatie).

noms et leurs armes devaient y être reproduits, et sur une banderole au-dessus de l'entrée on devait lire : *Transfixi sed non mortui pro Deo, honore et patria* (1) Ce louable projet ne reçut pas d'exécution.

Les stalles neuves du chœur portent les écus accolés de Tramecourt-Tramecourt et de Tramecourt-Brandt.

Dans le pavage de la nef, à l'entrée du croisillon sud, sont deux pierres tombales :

1° Marbre blanc ; encadrement de pierre bleue :

D. O. M.

ICY GIST LE CORPS DE
M^{tre} JEROME COCU
P^{tre} D'AMBRICOUR
L'ESPACE DE DIX ANS ET
CURÉ D'AGINCOUR
L'ESPACE DE 42 ANS
DECEDE LE 25 MARCE
1734 AGÉ DE 81 ANS (2)
REQUIESCAT IN
PACE. AMEN.

2° Petit carreau blanc ; inscription en travers :

JCŸ REPOSE
LE CORPS
DE FRANCOIS
THERET DECEDE
LE 31 DECEMBRE
1729 AGE DE 90 ANS

PRIEZ DIEU
POUR SON
AME.

L'épitaphier de Malotau relate : « à un tableau funèbre de papier, les armes du S^r d'Azincourt du nom de Gourlay : *de gueules à la croix ancrée d'argent,*

---

(1) Cf. *Dict.* cité, p. 289, et *Bull. de la Comm. des Antiq. Départ.*, t. I, pp. 19, 41, 49, 165, 209, 249, 251, 294, 303, 307.

(2) Le 3 et le 8 sont carrés.

et sa femme Pisseleu : *d'argent à 3 lions de gueules armez et lampassez d'azur* » (1). Il s'agit ici de Samson Gourlé, dit de Gourlay, chevalier, seig^r d'Azincourt, Yvergnies, Wargnies, vicomte de Domart, sénéchal de Ponthieu, marié vers 1585 à Françoise de Pisseleu, fille de Jean de Pisseleu, chevalier, seigneur de Heilly, Fontaine-Lavaganne, Pisseleu, Houdeuil et Bailleul-sur-Thérain, et de Françoise de Pellevé (2).

La cloche pèse environ 800 livres et porte l'inscription suivante :

D'un côté :

+ L'AN 1805 JAI ETE BENITE PAR
M^{TE} CHARLES ANTOINE PLAYOULT
DESSERVANT JACQUES JOSEPH
LAHAYE MAIRE DAZINCOURT
ET FERMIER.

De l'autre côté :

JAI ETE NOMMEE DESIRE NORBERTINE
PAR MR P^{RE} ANTOINE DESGROISELIEZ ADJOINT
ET PAR DAME GENEVIEVE DESMONT.

Au bas, crucifix entre la Vierge-mère et un évêque ; à l'opposite, sur un médaillon de style Louis XV, la marque du fondeur, portant une cloche et le nom GORLIER.

Charles Antoine Playoult était le curé constitutionnel d'Azincourt, maintenu au Concordat. Son épitaphe et celle de son successeur M. Pourchez existent encore sur deux plaques de bois, contre le chœur de l'église ; mais elles sont devenues complètement illisibles depuis vingt ans.

II. — CIMETIÈRE

Colonne de marbre blanc, fort endommagée. Sur le fût, on lit à grand peine :

JEAN FRANÇOIS CAPPE
EST DÉCÉDÉ A AZINCOURT
LE 8 JUIN 1794
AGÉ DE 77 ANS

---

(1) *Recueil des anciens tombeaux, épitaphes, etc.*, par Messire Ferdinand-Ignace Malotau, 1740, p. 243. — Mss. 967 (ancien 886) de la Bibliothèque de Douai. — Comm^{on} de M. Edmont.

(2) Mis de Belleval, *Nobiliaire de Ponthieu*, 2e édit., col. 459.

Scholastique DURLIN
SON ÉPOUSE EST AUSSI
DÉCÉDÉE A AZINCOURT
LE 11 AVRIL 1803
AGÉE DE 83 ANS
Benoit Joseph BRIOIS
DÉCÉDÉ LE 13 SEPTEMBRE 1837
AGÉ DE 74 ANS
Marieanne Joseph CAPPE
SON ÉPOUSE DÉCÉDÉE
LE 11 FEV. 1848 AGÉE DE 88 ANS
François Joseph Henri
CAPPE, ANCIEN RELIGIEUX
DE L'ABBAYE (1) DE NEUVILLE
PRÈS MONTREUIL SUR MER
EST DÉCÉDÉ A AZINCOURT
LE 29 AOUT 1807
R. I. P.

Sur le socle :

SŒUR MARIE ANNE
DURLIN DÉCÉDÉE A AZIN-
COURT LE 8 JANV. 1820
A L'AGE DE 86 ANS (2).

III. — CHAMP DE BATAILLE ET VILLAGE

La chapelle construite en 1734 sur le champ de bataille, par les soins de la famille de Tramecourt, fut démolie en 1793, et le charnier où reposent tant de morts glorieux fut odieusement fouillé en 1816, pendant l'occupation étrangère. Un calvaire, qui a remplacé la chapelle, porte cette inscription :

---

(1) Lisez : de la Chartreuse.
(2) Un monument de marbre blanc porte l'épitaphe suivante :
Ici repose le corps ‖ de Mr J. Bte ‖ DÉCOBERT de Croisette ‖ prêtre pieux et zélé ‖ décédé le 4 janvier 1869 ‖ après avoir desservi ‖ cette paroisse 41 ans. ‖ Requiescat in pace.

25 OCTOBRE 1415.

C'EST ICI QUE NOS VAILLANTS GUERRIERS ONT SUCCOMBÉ (ROIS 2.^d L. CH. 1. v. 25.)

LEUR ESPÉRANCE EST PLEINE D'IMMORTALITÉ (SAG. CHAP. 3. v. 4.)

LA PRIÈRE POUR LES MORTS AFIN QU'ILS SOIENT DÉLIVRÉS DE LA PEINE

QU'ILS SUBISSENT POUR LEURS FAUTES, EST UNE SAINTE ET SALUTAIRE

PENSÉE (MACH. L. 2e CHAP. 12, v. 46.)

CETTE CROIX A ÉTÉ ÉRIGÉE PAR VICTOR MARIE LÉONARD

MARQUIS DE TRAMECOURT ET MADAME ALINE MARIE CÉCILE

DE TRAMECOURT SON ÉPOUSE, A LA MÉMOIRE DE CEUX QUI AVEC

LEURS ANCÊTRES ONT PÉRI DANS LA FATALE JOURNÉE D'AZINCOURT

PRIEZ POUR EUX.

C'est le seul souvenir conservé du terrible désastre qui a fait connaître dans le monde entier le nom du petit village d'Azincourt.

Une chapelle moderne, dédiée à saint Liévin, a remplacé un oratoire plus ancien. « Lorsqu'on reconstruisit la chapelle actuelle, on remarqua sur une vieille poutre en chêne de la chapelle qu'on démolissait, la date de 1613. Les deux derniers chiffres n'étaient plus très lisibles » (1).

IV. — ÉGLISE DE BUCAMP

Bucamp, hameau d'Azincourt, est annexé à Planques pour le spirituel, et possède une petite église du XVIIIe siècle, sans aucun intérêt. Au dessus du portail, et sur un gros contrefort flanquant le pignon ouest, sont deux pierres saillantes aujourd'hui complètement lisses, mais autrefois, sans doute, épigraphiées.

Une petite chapelle seigneuriale s'élève sur le flanc sud du chœur.

La cloche (diamètre 0^m43 seulement) porte cette inscription en trois lignes :

✠ JE FUS NOMMEE ADELAIDE PAR M. BEAUDOIN DE CONTES BARON DEGRANGES ET PAR DAME ADELAIDE VANDERGRACHT EPOUSE DE M. LE CHEVALIER (2) MAIRE DAZINCOURT ET FONDUE A FRÉVENT PAR GORLIER EN 1829.

V. — CIMETIÈRE

N'entoure pas l'église, et se trouve tout au bout du hameau.

Croix de fer. Plaque de cuivre :

---

(1) Questionnaire Cardevacque.

(2) Ici le fondeur a omis les mots : *de Contes*.

D. O. M.

CI GISENT LES CORPS

1° DE NOBLE DAME MARIE ADÉLAÏDE
VAN DER GRACHT ÉPOUSE DE MESSIRE
ALEXANDRE CHEVALIER DE CONTES DE
BUCAMPS, DÉCÉDÉE AU CHATEAU DE
BUCAMPS LE 10 DU MOIS DE MARS 1843
AGÉE DE 62 ANS ET 10 MOIS

2° DE MESSIRE IDESBALDE DE CONTES
CHEVALIER, MORT AU DIT CHATEAU LE
3 MARS 1832, AGÉ DE 20 ANS.

3° DE MESSIRE ERNEST DE CONTES, CHEVALIER
DÉCÉDÉ AUDIT CHATEAU DE BUCAMPS LE 6
OCTOBRE 1839, AGÉ DE 24 ANS, SES FILS.

4° FRANÇOIS JOSEPH ALEXANDRE DE
CONTES BARON DE BUCAMPS DÉCÉDÉ
A BUCAMPS LE 14 DÉCEMBRE 1845.

5° MADAME EUGÉNIE ROSE CHARLOTTE DE CONTES DE
BUCAMPS, NÉE DU TERTRE, DÉCÉDÉE AU CHA-
TEAU DE BUCAMPS LE 3 JUILLET 1871 A
L'AGE DE 46 ANS

6° MONSIEUR AMÉDÉE DE CONTES DE BUCAMPS, DÉCÉDÉ
A BOULOGNE LE 25 MAI 1893 A L'AGE DE 72 ANS

7° HENRY MARQUIS DU MAS DE LA FOUGÈRE, DÉCÉDÉ
A BOULOGNE LE 6 JUILLET 1902 A L'AGE DE 18 ANS 1/2.

REQUIESCANT IN PACE.

Les trois derniers personnages ont, en outre, chacun une tombe particulière, en pierre.

VI. — CHATEAU DE BUCAMP

Grand et beau château, de style Louis XV, en briques et pierres. Sur les hangars, on voit gravée la date :

$$1759$$

et, selon la tradition de la maison, le château serait un peu plus ancien.

Sur chacune des deux façades, le balcon en fer forgé du premier étage porte deux écus ovales accolés sous couronne de comte :

1° de Contes : *d'argent au créquier de gueules.*

2° de Harchies : *écartelé : 1 et 4 bandé d'or et de gueules de 10 pièces ; 2 et 3 échiqueté d'or et de gueules.*

Charles François Joseph de Contes, écuyer, seig^r de Bucamp et Blingel, épousa le 28 mai 1697 Henriette Gertrude de Harchies, née à Plumoison en 1660, morte à Hesdin en 1743, fille de Jacques Philippe, seig^r de Plumoison, et de Thérèse de Caverel (1).

D'après ces dates, il n'est pas probable que le château soit de 1758, mais il pourrait être de 1720-1730 environ.

Outre un très beau chartrier (2), dont il ne peut être question ici, M. le baron de Blondel conserve à Bucamp divers portraits :

1° Très bon portrait ; gentilhomme vu de face, à mi-corps ; large col blanc rabattu ; justaucorps noir ; manchettes de dentelle ; épée au côté. Écu d'*or* au créquier de gueules ; heaume de profil ; lambrequins d'*argent* et de gueules ; cimier : deux têtes de cygne engoulant un anneau. En dessous, un livre et une épée en sautoir, et la devise DISCE ET FAC. Date 1515 (3).

2° Chevalier cuirassé ; cheveux blancs, pas de perruque ; figure jeune. Écu ovale : *d'or au créquier de gueules ;* couronne de comte ; cimier comme dessus (4). Date 1745. On dit que c'est le portrait de M. de Contes qui a bâti Bucamp.

3° Femme de 3/4 à droite ; robe de brocard bleu, manteau rose ; des roses à la main gauche ; cheveux frisés et poudrés ; aigrette de diamants ; manches de dentelles. Ecus français accolés : de Contes (champ d'*or*) et de Fléchin *(fascé d'or et d'azur de 6 pièces)* ; couronne de comte. — Date 1743. — C'est Josèphe-Françoise-Dorothée de Fléchin, née en 1716, fille d'Edouard-François, marquis de Wamin, et d'Alexandrine d'Ennetières, mariée par contrat du 22 octobre 1736 au suivant.

4° Gentilhomme de 3/4 à gauche ; cuirasse ; cravate noire ; cheveux poudrés, frisés ; manteau rouge. Ecu de Contes *(or)*, couronne de comte et cimier. — Date 1743. — C'est François-Marie-Antoine-Joseph de Contes, fils de Charles-François-Joseph et d'Henriette-Gertrude de Harchies ; chevalier, seigneur de Bucamp et des Granges, né à Bucamp en 1699, mort à Humereuil en 1779, créé baron de Contes des Granges par lettres-patentes de juillet 1762, admis aux Etats d'Artois (5).

---

(1) Bibl. d'Arras, mss. Godin, vol. C, p. 261.

(2) Les chartes du xiv° siècle n'y sont pas rares.

(3) Le premier 5 paraît refait à la place d'un 6. La date 1615 conviendrait ; celle de 1515 est impossible. L'écusson et ses accessoires sont certainement anciens, mais je crois qu'on a doré après coup le champ de l'écu, qui était d'argent.

(4) Cet écu a été ajouté récemment, ainsi que ceux des n°s 3 et 4.

(5) Mss. Godin, loc. cit.

5° Femme vêtue de noir; collerette et coiffe de dentelles ; — collier de perles, avec médaillon sur la poitrine. — Ecu en lozange *parti d'argent (ou d'or?), à l'aigle à 2 têtes de gueules* (Azincourt?) (1) ; *parti d'argent au sautoir de gueules* (du Carieul) ; encadré dans un cercle de laurier. — Date 1599. — C'est évidemment à cette dame que se rapporte le texte suivant, *in fine* d'un livre d'heures manuscrit et enluminé, du xv° siècle, conservé au château : « *Ces heures apartient à Marie du Carieul veuve de feu Monsieur de Beuquan quy trepasa le 5° de mars 1600. Prie Dieu pour son ame.* » Mais qui est M. de Bucamp? Un Rouget sans doute? (2). Les Rouget portaient-ils les armes d'Azincourt? Je ne sais.

6° Dame vêtue de noir, vue de face; collerette bouffante ; coiffe de dentelles. Ecu de Contes *(d'or)* en lozange ; couronne de comte et cimier ; palmes autour de l'écu (récent?). — Date 1647.

7° Une d^lle de Contes, époque Louis XVI (dans le genre des portraits exécutés à Montreuil par Collier).

8° Une d^lle de Contes, en costume de chanoinesse de Bourbourg, avec le grand cordon et la croix sur la poitrine. Grand chapeau en forme de capote. — Portrait du temps de la Restauration ; curieux.

Plusieurs autres portraits indéterminés : l'un, que l'on croit être Mme de Houdetot, née de Contes (3), est très joli, de petite dimension. Femme assise dans

---

(1) Azincourt porte : *d'argent à l'aigle éployée à 2 têtes de gueules, membrée d'azur.*

(2) Le 27 janvier 1379, Hues de Wandonne, escuier, vend à « Gille Marsile dit Rouget et à Jehan Marsile dit Rouget, fil dudit Gille, tout le fief closement et entièrement que il Hues avoit et tenoit de noble homme Monseigneur d'Aisincourt et d'Aubegny, chlr, lequel fief on nomme le terre de Buscamp, séans ou dismage et terroir d'Aisincourt... ». (Original, chartrier de Bucamp). — Françoise Rouget, dite de Marseille, *sœur de Georges, sgr de Bucamp, dont elle hérita,* épousa par contrat du 4 7bre 1576 Jean de Contes, escuier, sgr de Blingel. (Godin, loc. cit.). — Marie du Carieul, fille de Jean et de Michelle de Caverel, née « le jour de N. D. en mars en 1556... espousa George de Marseille esc. s^r de Bucamp, du Biez, etc., capitaine d'infanterie wallone et depuis commis au gouvernement de Lens, et n'eurent point d'enfans, et décéda led. s^r de Bucamp le 5 de mars 1600 et est inhumé à Lens en l'église de St-Léger, et lad^te dam^le qui a légaté la terre du Biez à Adrien son frère est décedé le 8 de janvier 1613 et est enterré aux Carmes à Arras... » (Généalogie mss. du Carieul, ès mains du Marquis d'Héricourt, communiquée par le Cte de Richoufftz).

(3) Marie Françoise Procope de Contes d'Aubremont, femme de Félicissime François de Houdetot de Colomby, chevalier, capitaine au Rég^t de Béarn infanterie, dem^t à Hesdin, 1776. (Godin, loc cit.).

une pose gracieuse ; manteau bleu ; décolletée ; des roses à la main. — D'autres
sont, croit-on, de la famille de Marnix. Enfin d'autres représentent Louis XV,
Marie Leczinska, le Dauphin leur fils et la Dauphine Saxe.

Mentionnons enfin des flambeaux aux armes de Blondel : écu ovale,
de sable à la bande d'or ; couronne de comte ; supports : 2 griffons regardants ;
— et une taque moderne, dans la cheminée du salon, aux armes accolées de
Contes et du Tertre.

BÉALENCOURT

EGLISE SAINT-JACQUES

Edifice assez peu intéressant, du xve ou xvie siècle, en forme de croix
latine.

Au pignon sud du transsept, à l'extérieur, nombreux graffites, notamment
un de 1557 avec longue inscription gothique que je n'ai pu déchiffrer ; d'autres
de 165..., 1739, 1744, 1747, etc.

La cloche a été refondue tout récemment (1). Aucune inscription à signaler.

Les anciens registres de catholicité nous donnent cependant, outre un acte
curieux pour l'histoire de l'église de Béalencourt (2), le procès-verbal de bénédiction et même l'inscription d'une cloche plus ancienne :

---

(1) Sous l'administration de M. Dié, curé, la cloche de Béalencourt fut fondue à
Frévent. Elle portait l'inscription suivante :

L'AN MIL HUIT CENT DIX SEPT J'AI ETE NOMMEE CATHERINE PAR MR H. SAMIER FERMIER DE
MM. PERROT ET DELOCRE BIENFAITEURS DE LA CLOCHE ET PAR DAME CATHERINE POISSON ET
BENITE PAR MR G. J. DIE DESSERVANT DE BEALENCOURT EN PRESENCE DE MR PANET VICAIRE DE
BUCAMPS DE MR DEMONT MAIRE DE MR GALLET ADJOINT ET DE DESOBRY BIENFAITEUR.

Cette cloche s'est fêlée en la sonnant le 12 août 1903. Elle pesait 301 kilos. La
maison Ch. Wauthy, de Douai, l'a refondue en lui donnant le poids de 306 kilos.
Voici l'inscription de cette nouvelle cloche, qui a été bénite le 29 novembre 1903 :

EGLISE SAINT-JACQUES DE BEALENCOURT. L'AN 1903, MM. H. PANET ETANT MAIRE, C. BOULET
ADJOINT, E. THERET, E. LAGNIER, P. DOZINEL, A. ALLART, A. CAPRON, J. PIDOUX, H. HIBON,
X. FAUCONNIER, CONSEILLERS MUNICIPAUX.

J'AI ETE NOMMEE BERTHE JOSEPHE PAR M. JOSEPH PANET, MON PARRAIN, ET M^{ELLE} BERTHE
THERET MA MARRAINE, ET BENITE PAR M. F. DEGEZ CURE.

(Communication de M. l'abbé Dégez).

(2) « Le 7e may 1691, dans la visitte de nous soussigné, archidiacre de Boulogne,
il a esté accordé à dam^{lle} Marie Madeleine de Crespy, vefve de Antoine Lescuier, en
considération des services randus par ledit deffunt s^r son marry, pour le restablisse-

« L'an de grâce 1691, le 7ᵉ jour du mois d'aoust, par moy Jan Le Moine, pbre curé de Guisy, doyen de chrestienté du district du Vieil-Hesdin, a estez bénie une cloche dans l'église de Béalancourt, secour de Rollancourt, sur laquelle est escrit : *Noble et Illustre seigneur Messire Claude François Dominique de Marnixe, chevalier, visconte d'Ogimont, baron de Rollancourt, etc., seigneur souverain dudit Béalancourt, et Noble et Illustre dame Madame Anne Anthoinnette Agnès de Haudion de Giebrechies* (sic) *son espouse ;* avec leurs armes (1) au bas de l'écriteau. Dont les parins de ladite cloche ont estez Anthoine Boutrÿ et Marie Boutrÿ, de l'aggréation desdits seigʳ et dame, et at esté bénite au nom de Sᵗᵉ Anne et Sᵗ Claude, par rapport aux noms des susdits seigneur et dame.   J. Le Moine, pbre. »

BLANGY-SUR-TERNOISE

I. — EGLISE SAINT-GILLES

Les trois nefs de l'église de Blangy remontent au moyen-âge, mais une restauration inepte les a tellement saccagées, qu'elles n'ont plus aucun caractère. Le chœur est du xviiiᵉ siècle, ainsi que la tour qui forme porche à l'occident.

Les deux pieds-droits intérieurs de la tour, du côté de la nef, sont ornés de deux inscriptions. La première, — et la seule ancienne (2) — est sur le contre-fort nord, mal gravée, les lettres noircies :

---

ment du chœur de l'église de Béalencourt, que son banc sera et demeurera posé le 1ᵉʳ de la nef, à main droitte du costé de la chapelle de Sᵗ-Nicolas, et sans aucune rente ny rétribution particulière à la fabrique pour ledit banc, sans tirer à conséquence pour les autres. En foy de quoy nous avons, avec Mᵉ François Brunel, curé de Rollencourt et dud. Béalencourt, Mᵉ Sébastien Fournier, chapellain dud. lieu, Mᵉ Amand Payen, curé d'Auchy, dont nous estions assistez en nostre ditte visitte, signé ces présentes les jour et an que dessus.   « A. Le Roy, archidiacre ».

(1) Marnix : *d'azur à la bande d'argent accomp. de 2 étoiles d'or.*

    Haudion : *d'argent à 10 lozanges accolés et aboutés d'azur, 3, 3, 3, 1.*

(2) L'autre, au sud, est un chronogramme de 1850 :

Les héros De La franCe

esCortèrent Le pape

rentrant a roMe

J M R.

> Cy gist Révérend
> Prélat Domp Pierre Levrin
> natif & religieux de Blagy
> Abbé mitré ᵠᵘⁱALLA de
> vie a trépas
> 1601.

Faut-il conclure de cette inscription que Pierre Leurin ou Laurin, premier abbé mitré de Blangy, fut enterré dans l'église paroissiale et non dans son abbaye ? — Il avait aussi une épitaphe dans l'église abbatiale : *Cy gist Reverend prélat Domp Pierre Lœurin, natif et religieux de Blangy, fait abbé premier mitré l'an 1591, qui après avoir laissé à cette abbaye plusieurs bienfaits, et gouverné l'espace de 23 ans, alla de vie à trespas l'an 1601. Priez Dieu pour son âme* (1). Je croirais volontiers que l'inscription de l'église paroissiale est due à la fantaisie d'un curé, et que Pierre Leurin a été inhumé à l'abbaye.

Quoi qu'il en soit, l'abbé Leurin a laissé d'autres souvenirs épigraphiques de son passage à Blangy. Nous les retrouverons plus loin. Pour le moment signalons seulement les fonts baptismaux, en grés, sur l'une des faces desquels on lit :

> PIERRE
>
> LEVRIN
>
> ABE

Sur une autre face, un écusson avec crosse abbatiale : fretté, au franc-quartier chargé d'une croix pattée (2).

---

(1) Gallia Christiana, t. x, col. 1592. Chanoine Parenty, *Hist. de Sᵗᵉ Berthe et de l'abbaye de Blangy*, p. 127. La date exacte du décès est le 13 décembre 1601, d'après le *Gallia*.

(2) Le *Bulletin de la Société des Antiquaires de la Morinie* (t. XI, p. 581) mentionne la découverte du sceau de Nicolas Mainfroy, abbé de Sᵗ-Bertin de 1604 à 1611. « Les auteurs de l'*Histoire sigillaire de Sᵗ-Omer*, n'en ayant pas eu connaissance, avaient hésité à attribuer à N. Mainfroy un cachet anonyme d'abbé, qui n'est pas encore identifié. — Ecu fretté, timbré d'une mitre surmontée d'une crosse. (Cf. op. cit., pl. XXXVIII, n° 271). On ne connaît dans notre pays, parmi les abbés de cette époque qui avaient un écu fretté, que Pierre Leurin ou Levrin, abbé de Blangy de 1578 à 1601, dont les armes étaient *de.... fretté de... au franc quartier chargé d'une croix pattée*. Pour pouvoir lui attribuer le cachet en question, il faudrait supposer

La troisième face porte en relief la date :

1590

Une pierre tombale de marbre blanc, que j'ai vue attachée au mur sud, à l'intérieur de l'église, près de la petite porte d'entrée, a été réintégrée récemment à sa place primitive, dans le mur extérieur du bas-côté nord, près de la tour. En voici l'inscription :

D. O. M.

CŸ DEVANT REPOSE LE CÔRS
DE M. NICOLAS FRANÇOIS
THELLIER

NATIF DE ROILLECOURT, DESSERVITEUR
AUSSITÒT QUE PRÊTRE DE LA CURE
DE MARQUISE PENDANT 3. ANS,
DIRECTEUR DES ANNONCIADES ET EN
MEME TEMS VICAIRE DE LA HAUTE
VILLE A BOULOGNE L'ESPACE DE 7. ANS
ENFIN CURÉ OU PLUTOT MISSIONAIRE
PENDANT 11. ANS DANS LA PAROISSE
DE BLANGŸ OU IL RETABLIT PAR UN
ZÉLE INFATIGABLE LA PIETÉ ET LA
DEVOTION QU'IL PRECHA TOUJOURS
DE PAROLES ET D'EXEMPLES JUSQU'AU
MOMENT DE SA MORT TRÉS EDIFIANTE
QUI ARRIVA AVANCÉE PAR SES
FATIGUE LE 12. DE MARS 1751.
LES PAROISSIENS QU'IL A SI BIEN
INSTRUITS ET LEURS DESCENDANS
LES PLUS RECULÉS NE POURROIENT
SANS DURETÉ ET SANS INGRATITUDE
OUBLIER DE PRIER DIEU POUR SON AME.

Requiescat in pace.

---

que le dessin de l'*Histoire sigillaire* a été fait d'après une empreinte fruste sur laquelle le franc quartier est effacé. Il est regrettable qu'on ne puisse retrouver cette empreinte ».

Une famille Laurin de St-Léger (Artois) porte : *de gueules fretté d'or.* Sur la pierre tombale des Lhoste, à Willeman (voir plus loin), il y a aussi un écu Laurin : au fretté (sans plus). Donc le sceau peut et doit même être attribué à Dom Pierre Laurin.

4

J'ai relevé aussi dans l'église, en 1888, une inscription sur pierre du pays, enchâssée dans un cadre en bois, qui se trouvait alors placée, sans être nullement fixée, au-dessus du tambour de la porte latérale, et qui paraît perdue en 1905. Elle avait été trouvée, en 1847, dans le sol, lors de la confection de la route de Frévent à Fruges. En voici la copie :

[IHS]   D O M   [M A]

F. VOLLANT DE

BERVILLE ABBE DE

CETTE ABBAYE A ACQVIS

LE FOND (1) DE CET ENCLOS

ET EN A FAICT MESTRE (2) LA

PREMIERE PIERE LE 7 DAVRIL

1680 PAR DOM F. STRINC[K]

[PRIEVR DE S^{TE} BERTE] (3)

Le texte de cette inscription indique que la pierre était encastrée dans le mur d'un enclos dépendant de l'abbaye.

Le maître-autel en chêne est d'un joli travail de style Renaissance flamande (4) ; il porte la date

1630

---

(1) N D liés.

(2) M E liés.

(3) Les mots entre crochets, que je n'avais pu lire, sont empruntés à des notes envoyées à la Commission en 1874 par M. Fourcy, curé de Blangy. Cette inscription a été reproduite par l'abbé Robert dans l'*Abeille de la Ternoise* du 15 février 1851. Nous retrouverons plus loin l'épitaphe de l'abbé Vollant de Berville.

(4) Le coffre de l'autel est à jour, fermé d'une grille en fer forgé, accostée de deux anges dans des niches légèrement cintrées. Le tabernacle avec effigie du Bon Pasteur, et la jolie exposition cintrée qui le surmonte, s'harmonisent très bien avec le rétable à colonnes ioniques, coupées par le milieu de petites niches à vasques où sont les statues de Ste Déotile et de Ste Gertrude. Au dessus du tableau, une corniche à modillons supporte la date 1630; pnis, dans une niche cintrée, la petite statue de Ste Berthe, accostée de volutes en forme d'S. Un fronton tronqué surmonte cette statue, flanqué de deux pots à feu.

L'aigle du lutrin, de style ionique (xvıɪɪ^e siècle), aujourd'hui relégué au grenier, n'est pas sans intérêt, non plus que l'ancien crucifix doxal, du xve ou xvı^e siècle, en

sur son rétable, en deux cartouches. Le tableau représente sáinte Berthe. Dans un coin de cette toile, un livre porte cette inscription :

DEVS MIRABILIS IN SANCTIS TVIS. CLAVDI AMBVLANT. CÆCI VIDENT. SVRDI AVDIENT (*sic*). MORTVI RESVRGVNT.

L'autel latéral de gauche, tombé de pourriture vers 1904, était orné de ce ridicule chronogramme qui donnait la date 1844 :

VIERGE HONORABLE
PRIEZ POVR DES PAVVRES
QVI METTENT EN VOVS
LEVR CONFIANCE.

La châsse de sainte Berthe est un beau travail de broderie du XVIIe siècle. Le coffre est en bois, entièrement recouvert de velours rouge, brodé de fil d'or. Sur l'une des faces principales, on lit :

SANCTA BERTA

Et sur l'autre :   ORA PRO NOBIS

Les deux petites faces sont ornées de deux portraits assis d'abbés et de ces mots :

ANNO
1627 (1)

---

chêne, dont les croisillons portent, en des médaillons quadrilobés, les quatre animaux apocalyptiques : l'aigle en haut, l'ange en bas, le bœuf à gauche et le lion à droite.

Un vitrail neuf, dans l'église, porte trois écussons :

1° Belvalet d'Humereuille : *d'argent au lion de gueules.* Supports : 2 lions regardants ; couronne de marquis ; croix de St Louis.

2° Morel de Boncourt : *d'azur à la fleur de lys d'or en abîme, accompagnée de 3 glands du même.* Devise : NESCIT LABI VIRTUS. Supports : 2 licornes gardantes. Couronne de marquis.

3° Dumont de Courset : *d'azur au chevron d'or accompagné de 3 serres d'aigle du même.* Supports : 2 lions regardants. Couronne de marquis.

(1) Il existe au Musée de Tournay deux belles châsses brodées d'or et d'argent sur velours rouge, absolument de même travail que celle de Ste Berthe. L'une d'elles porte cette inscription : CORPVS S. MART. E. CŒMET. PRISCI 1612. — L'autre : CORPVS S. DEPPÆ VIRG. ET MART. Ces châsses sont, parait-il, l'œuvre de Ladan, brodeur tournaisien. Ne peut-on, sans témérité, lui attribuer aussi la châsse de Blangy ?

Un beau reliquaire-monstrance en argent, de sainte Berthe (style Louis XIII), est conservé à la sacristie ; il a la forme de nos ostensoirs. Au revers, on y voit les armes de Créquy et de Croÿ, dans deux écus en lozange, sommés chacun d'une couronne de comte, à la wallonne :

1° *Ecartelé 1 et 4* Croy : *d'argent à 3 fasces de gueules ; 2 et 3* Renty : *d'argent à 3 doloires de gueules. Sur le tout : écartelé 1 et 4 échiqueté d'or et de gueules ; 2 et 3 d'or au lion de sable.*

2° *Mi-parti* Créquy : *d'or au créquier de gueules ; et mi-parti* Croÿ, comme l'écu précédent.

« Antoine de Créquy chevalier, seigneur (vicomte) de Vroiland, seig^r (baron) d'Erain (Erin), seig^r de Montbernençon, Boyeffles, Coupigny, Hersin, etc., vivoit encore en 1666. Il épousa Anne-Marie de Croy, chanoinesse à Mons, fille puînée de Jean, comte de Solre, baron de Molembais et de Beaufort, chevalier de l'ordre, et de Jeanne de Lalain-Renty, dont quatre filles :...... Marie Philippe Anne de Créquy, dame héritière de Vroylandt, d'Erain, etc., mariée en 1674 à Baltazar Philippe Joseph de Croÿ, marquis de Molembais, son cousin germain » (1). Il paraît certain, d'après la forme des écussons, que ce reliquaire a été donné par Anne-Marie de Croÿ pendant sa viduité.

Les cloches sont modernes (2).

----

(1) Dumont, *Recueil généalog... des Pays-Bas,* t. II, p. 163.

(2) En voici les inscriptions :

1° La moyenne :

D'un côté :   ✠ L'AN 1821 JE FUS NOMMEE BERTHE PAR M. DEMONT
✠ FERDINANT PERE ET PAR DAME LANVIN ANGELIQUE
✠ EPOUSE DE MR BOUTIN ALBERT MAIRE DE BLANGY
En bas : GORLIER FONDEUR A FREVENT,

De l'autre côté : ✠ JE FUS BENITE PAR M^{TRE} WALLET DESS^T DUDIT LIEU.
En bas, trois fleurs de lys.

2° La grosse cloche (en acier) :

JACOB HOLTZER ET CIE.
J'AI ÉTÉ DONNÉE A S^{TE} BERTHE PAR LA PAROISSE
ET NOMMÉE EMME
PAR J^H COURQUIN MAIRE ET L. ROULLET
BÉNITE PAR X. CARON DOY.
7 JUIN 1868.

3° La petite, également en acier, porte simplement la marque :

JACOB HOLTZER ET CIE.

II. — CIMETIÈRE

L'ancienne porte du cimetière, disparue entre 1888 et 1905, portait cette
inscription :

<table>
<tr><td>COMME VOUS</td><td rowspan="2">(tête de mort)</td><td>NOUS AVONS ÉTÉ</td></tr>
<tr><td>ET COMME NOUS</td><td>VOUS SEREZ</td></tr>
</table>

On remarque dans le cimetière plusieurs colonnes mutilées, qui peuvent
remonter à l'époque romane (1).

III. — ABBAYE DE SAINTE-BERTHE

L'abbaye de Blangy, comme sa voisine d'Auchy, fut fondée pour une
communauté de femmes, détruite par les invasions normandes, et rétablie
comme monastère d'hommes suivant la règle de saint Benoît.

Une partie notable des dépendances de l'abbaye est encore debout ; après
avoir passé en diverses mains, ces bâtiments achetés par M. du Haÿs ont été
transformés par lui en hospice sous le vocable de sainte Berthe.

La conciergerie est un joli petit pavillon de style Louis XV.

Sur la porte d'entrée, un cartouche orné est daté de :

1771

Sur la porte de la cuisine, on a rapporté un vieux crucifix de grés ; la croix
fleurdelysée est très petite par rapport au Christ qui l'occupe presque tout
entière.

---

(1) On y relève les tombes de : François Fulgence Joseph Fourcy, né à Fortel,
curé de Tangry, professeur de philosophie au Collège St-Bertin, missionnaire
12 ans en Chine, + le 5 février 1870, dans sa 48ᵉ année, à Kouy-Yang-Fou,
capitale du Kouy-Tchéou, épuisé par les fatigues et les persécutions endurées pour
la foi ; — Fulgence Joseph Fourcy, né à Fortel, canton d'Auxy-le-Château, ancien
militaire du 1ᵉʳ Empire, ancien instituteur chantre à Boffles, à Le Parcq (sic) et à
Fortel, + à Blangy le 28 septembre 1870, dans sa 81ᵉ année ; — Maxime Fourcy,
curé de Blangy-sur-Ternoise, bénéficier de 1ʳᵉ classe, né à Fortel le 15 avril 1819,
directeur de la maîtrise à Arras, en 1845, curé de Vieil-Hesdin en 1849, de Blangy
depuis 1867, + le 15 juillet 1896, dans sa 78ᵉ année.

Sur une autre porte, écus (récents) du Haÿs et Van der Cruysse, ovales, accolés sous couronne de comte.

Dans le parloir, on m'a montré deux écussons, peints récemment, évidemment d'après des pierres sculptées qu'on n'a pas su me retrouver :

1° *d'azur à 3 fleurs de lys d'or, mal ordonnées.* Ce sont — avec une erreur, — les armes de l'abbaye, qui portait *de France.*

2° *d'or à 3 bandes de sable ; chef d'azur au lion (?) contourné d'argent.* (Imitation, avec couleurs de fantaisie, de l'écu du Crest de Montigny ; voir ci-après).

Chacun de ces écus est encadré d'une couronne de laurier et porte la marque certaine de l'ancien style lapidaire.

Les bâtiments actuels sont ceux de la ferme de l'abbaye. Les lieux claustraux sont détruits. L'église occupait l'emplacement de la voie ferrée ; le cloître et le cimetière étaient auprès. Les importants terrassements, nécessités par l'établissement du chemin de fer, ont amené la découverte d'une quantité de sépultures, dont rien n'a été conservé.

Un pan du pignon sud du transsept de l'église abbatiale, orné d'une niche carrée de la Renaissance, est encore debout, à l'extrémité du cimetière paroissial. Les anciens du village désignent ce débris sous le nom de chapelle Ste Apolline.

On conserve à l'abbaye un reste très remarquable du tombeau de Michel Penet, abbé en 1557, mort le 21 9bre 1578. C'est un petit bas-relief en albâtre, représentant le Crucifiement. A gauche du Christ sont : le mauvais larron, qui détourne la tête ; le grand prêtre, mitré ; deux cavaliers ; un légionnaire en faction ; trois autres, se partageant les vêtements du Sauveur. A droite, auprès du bon larron, on reconnaît la Vierge, saint Jean, une sainte femme, Marie-Madeleine enlacée au pied de la croix ; enfin, l'abbé à genoux, mitré, crossé, et protégé par saint Michel vêtu de son armure. C'est la présence de l'archange, comme patron du priant, qui me permet d'identifier ce dernier (1).

On a vu plus haut (2) le texte de l'épitaphe disparue de l'abbé Pierre Leurin ou Laurin. Dans une maison de Blangy on a retrouvé en 1901 un grés très bien sculpté, portant les armes de ce prélat : fretté, au franc quartier fruste ; timbrées d'une crosse et accompagnées des initiales P. L. et de la

---

(1) Malheureusement, ce bas-relief, qui en 1888 avait gardé sa teinte naturelle, a été, depuis, restauré et badigeonné à outrance.

(2) Voir p. 24.

date 1586. Ce monument héraldique a été acheté par M. Georges Vallée, député, et transporté en son château de Watteville (1).

L'abbé Vollant de Berville avait aussi sa tombe dans l'église de l'abbaye. Voici son épitaphe d'après le *Gallia* :

Universæ carnis resurrectionem exspectans hîc jacet corpus perillustris ac reverendi admodum domini domini Francisci Volant de Berville, nobili genere nati, hujusce regalis monasterii Blangiacensis per multos annos abbatis meritissimi, dictique loci comitis et baronis. Obiit 17 augusti 1695. Grati animi beneficio reverendus admodum dominus dominus Ludovicus Charpentier, ejusdem monasterii abbas immediate successor, hoc posuit epitaphium. Siste, viator, bene precare ut requiescat in pace (2).

J'ajoute ici quelques documents d'épigraphie héraldique sur les abbés de Blangy qui succédèrent à Dom Vollant de Berville :

I. — Louis Charpentier (1695-1700, démissionnaire en 1700 et mort dans l'abbaye le 7 juillet 1719, âgé de 66 ans). — M. Georges de Lhomel a fait don en décembre 1901, à la Commission départementale des Monuments historiques (3), d'un portrait sur toile de ce prélat, de 3/4 en buste à gauche. Légende

L. CHARPENTIER ABBÉ ET COMTE DE BLANGY.

Ces mots écrits en cercle autour d'un écu aux armes : *d'azur au chevron d'or, accompagné en chef de deux croissants d'argent, et en pointe d'une rose du même* (4). Supports : 2 lions regardants. Couronne de comte, mitre et

---

(1) Note de M. Jules Lion, à qui je dois une bonne photographie de ce grès sculpté.

(2) Je pense que le texte suivant, donné par l'abbé Parenty *(Hist. de Ste Berthe et de l'Abb. de Blangy, p. 134)*, n'est qu'une version française du *Gallia :*

Ici repose, attendant la résurrection universelle, le corps de très-illustre et révérend seigneur, François Vollant de Berville, très-digne abbé de ce monastère royal de Blangy, depuis plusieurs années ; comte et baron dudit Blangy, décédé le 17 août 1695. Dom Charpentier, son successeur immédiat, a fait placer cette inscription comme un monument de sa gratitude. Passants, arrêtez-vous près de ce tombeau, et demandez à Dieu que le mort repose en paix.

(3) Cf. Bulletin de ladite Commission, t. III, p. 22.

(4) Ces armes sont attribuées à « Louis Charpentier, abbé, comte et baron de Blangy-en-Artois : *d'azur à un chevron d'or, accompagné en chef de 2 croissans d'argent et en pointe d'une rose de même* » (Borel d'Hauterive, *Armorial d'Artois et de Picardie, 1696-1710,* p. 133). Le même recueil officiel donne à l'abbaye de Blangy l'écu d'azur à 3 fleurs de lys d'or, 2 et 1.

crosse. Le tout à l'angle supérieur droit du tableau. Le prélat est encore jeune ; il porte un rabat et ne paraît pas vêtu en Bénédictin (1). La peinture était bonne, mais elle est en très mauvais état. — Trouvé à Paris.

Ce portrait épigraphié a permis à M. Justin Deschamps de Pas d'attribuer à Louis Charpentier un cachet du Musée de Saint-Omer, jusque-là non identifié, portant les mêmes armes, si ce n'est que les croissants y sont *d'or* et non *d'argent*. (Ecu ovale ; couronne de comte, mitre et crosse ; supports : **2** palmes. — Sceau rond, circonscrit par un grenetis).

II. — Jean François du Crest de Montigny (1700-1723). — Il existe au musée de Saint-Omer, depuis 1879, une plaque gravée représentant sainte Berthe de Blangy (2), et portant les armes d'un abbé : *bandé, au chef chargé d'un lion* (le tout contourné, sans doute par inadvertance du graveur), sous mitre et crosse. La date **1723** pourrait aussi bien s'appliquer à Dom de Montigny, mort le 24 septembre de cette année (3), qu'à son coadjuteur et successeur Dom Philippe d'Oye. Mais il y a bien une famille du Crest, en Savoie et en Nivernais, qui porte : *d'azur à 3 bandes d'or, au chef d'argent, chargé d'un lion issant de sable, armé et lampassé de gueules* (4). Ce sont bien les armes de notre plaque, qui mesure 0^{m}206 sur 0^{m}14. La même image, avec les écussons et la date 1723, se retrouve en format réduit dans l'*Histoire abrégée de la vie et des miracles de sainte Berthe*, etc..., par Dom Charles Roussel, religieux et prieur, vol. in-12 édité à Abbeville vers 1730. Cette petite gravure ne semble pourtant être qu'une ébauche de l'autre, à laquelle on a ajouté des détails et des personnages (5).

---

(1) Il appartenait cependant bien à l'ordre de St Benoît, car on lit dans le P. Ignace : « 1695. Vers la fin du mois d'aoust, le Roi donna l'abbaïe régulière de Sainte Berthe de Blangy-en-Artois, de l'ordre de St Benoît, au diocèse de Boulogne, à Dom Louis Charpentier, prieur de St Gobert en Thiérache, entre Marles et Vervins, diocèse de Laon, et *religieux du même ordre* » (*Addition aux Mémoires*, t. II, p. 353).

(2) Reproduite, sans la date et la légende, dans l'ouvrage de Mgr Meunier sur *Sainte Austreberthe*, p. 10.

(3) Et non en 1714 [comme le dit le *Dict. hist. du P.-d.-C.. St-Pol*, t. II, p. **300.**

(4) Rietstap, t. I, p. 484. — Jouffroy d'Eschavannes, t. I, p. 145. — Les armes du Crest de Montigny ont déjà été reconnues sur cette plaque par M. de Galametz (Lettre du 25 février 1880. — Cf. *Bulletin de la Société des Antiq. de la Morinie*, t. VI, pp. 409 et 483 ; description très détaillée de la plaque, par M. L. Deschamps de Pas).

(5) Communication de M. Justin D. de Pas.

Le bandé de l'écu, sur la plaque, paraît être *d'argent* (et non *d'or*) et d'azur. Mais il est probable que l'usure a fait disparaître le léger pointillé qui indiquait la couleur d'or. A moins que nous ne nous trouvions en présence d'une brisure de branche cadette, ou d'une variante.

III. — Philippe d'Oye (1723-1728). — La collection de M. Lefebvre du Prey, à Saint-Omer, comprend une matrice de cachet ovale oblong, portant deux écus ovales accolés : le premier, *d'azur à 3 fleurs de lys d'or*, qui est de l'abbaye de Blangy ; le second, *d'azur au chef d'argent, chargé d'un homme issant à mi-corps de....*, accosté de 2 lions issants et affrontés de..... Couronne de comte, mitre, crosse ; supports : 2 lions regardants.

Les armes de N.... d'Oye, grand archidiacre et chanoine de la Cathédrale d'Arras (1), sont identiques à celles-ci : *d'azur à un chef d'argent, chargé d'un bust[e] de more de sable, bandé d'argent, soutenu de deux lions naissants et affrontés de gueules ; écartelé d'hermine, à un léopard de gueules.*

Il n'y a donc aucun doute sur l'attribution de ce cachet.

IV. — François de la Fosse (1728-1754). — Sur une assiette d'étain, chez le Bon de France (2), on voit l'empreinte de cinq cachets armoriés, dont un à deux écus ovales accolés sous couronne de comte, mitre et crosse : 1º *d'azur à 3 fleurs de lys d'or* ; 2º *d'or à 3 cors de chasse de....*

Malgré la différence des émaux, je ne puis appliquer ces armes qu'à Dom F. de La Fosse, car une famille de La Fosse, en Cambrésis et Artois, portait : *de sable à 3 cors de chasse d'or, liés de gueules.*

IV. — VILLAGE

Une vieille maison près de l'église, bâtie en briques et grés, a conservé son caractère archaïque. Sa petite porte en accolade porte à sa clef, sur un cartouche, le millésime :

1594

---

(1) Borel d'Hauterive, *Armorial d'Artois et de Picardie (1696-1710)*, p. 35. — D'autres familles Doye ou d'Oye portaient des armes toutes différentes. Cf. Borel d'Hauterive, *Armorial de Flandre*, p. 223, et E. de Rosny, *Recherches généalog.*, t. I, p. 501.

(2) Voir *Epigraphie, canton de Campagne*, p. 61.

BLINGEL

EGLISE SAINT-MARTIN

Petite église du xviiie siècle ; restes d'un petit portail du xvie. Des vestiges de litre se voient, seulement sur les deux premières travées de la nef qui sont un peu plus anciennes que les autres.

Dans le dallage de la nef, près l'arc triomphal, à droite, deux petites pierres tombales :

1° Marbre blanc, encadré de pierre bleue :

(Tête de mort, ossements et volutes)

JCY REPOSE LE SIEUR

CHARLE PHLE DUBOIS

LIEUTENANT GENERA_{LE}

DE LA CHATEL^{NIE} ET BARO^{NIE}

DE ROLLANCOURT MORT

LE 30 AURIL (1) J739 (2) PREZ

DE LUY MARIE ANTOINET_E

MAHIEU SA FEMME MORTE

LE 29 JANVIER 1780 (3) ET JEAN

FRANÇOIS DUBOIS SON FRER^E

MORT LE 7 MARS 1729

REQUIESCANT IN PACE.

2° Très petite pierre bleue, fort effacée :

(Tête de mort)

D. O. M.

JCY REPOSE

LE CORPS DE

JEAN BAPTISTE

LAURENT DU BOIS

AGE DE 24 ANS

ET QUATRE MOIS

DECEDE LE 10

DECEMBRE 1760

REQUIESCAT

IN PACE....

---

(1) Le 30 *mars* d'après les notes de M. Vivier, curé de Rollancourt ; mais je suis sûr de ma lecture. — Agé de 59 ans (Vivier).

(2) 3 carré.

(3) Agée de 73 ans (id.).

3º Sous l'arc triomphal même, à gauche, tout petit carreau noir :

ICŸ REPOSE LE COEVR
DE Sᴿ· LOVŸS DE CONTES
Sᴿ· DE BVCAMP ET DE
CE LIEV   LEQVELLE
DECEDA. LE 9ᴱ DE IVIN
1645 AV CHAV DE LA
MOTTE – AV – BOIS (1)
RESQVIESCAT IN PACE
(*Tête de mort, feuillages*).

Graffite sur le mur extérieur nord, à l'intersection de l'ancienne muraille et de la nouvelle :

BRONCQVᴀʀT 1773.

L'ancienne cloche portait cette inscription :

ANTOINE DE CONTES ESCVIER ET SEIGNEVR DE BLINGEL (2) RIVIERE ETC. ANº XVᶜLXVIII.

PAR IAN HEVDEBERT (3).

Quoique de petit volume, elle avait un beau son et s'entendait de loin. Fêlée et refondue par Drouot de Douai, elle pèse 7 kilogr. de moins depuis sa refonte (4).

---

(1) Château de La Motte-au-Bois, près Hazebrouck.

(2) BLANGEL selon une autre copie.

(3) HENDEBERT selon une autre copie. — Communication de M. Vivier, ancien curé de Rollancourt.

(4) Elle a été bénite le 7 mai 1893. Voici son inscription, dont je n'ai pu lire qu'une partie, mais que j'ai trouvée en totalité dans le registre de paroisse (trois lignes) :

J'AI ETE BENITE EN 1893 Mᴿ L'ABBE LOUIS VIVIER ETANT CURE DE ROLLANCOURT ET BLINGEL J'AI ETE NOMMEE PAULINE AIMEE ADOLPHINE PAR Mᴿ ADOLPHE BRUCHE MAIRE DE BLINGEL ET PAR DAME AIMEE DUFOSSÉ EPOUSE DE Mᴿ P[ierre] BOURBIER ADJOINT.

En bas :

FONDERIE
DE
CH. DROUOT
A DOUAI NORD.

Christ en croix.

Le nom de Pauline a été donné à cette cloche, à cause de Mᵐᵉ Wattinne, née Pauline Bossut, qui a bien voulu en cette circonstance venir au secours de la commune.

« D'après la tradition, des tombes anciennes se trouveraient dans le cimetière, en face ou à côté de la porte de l'église. Le fossoyeur aurait rencontré un corps dur en voulant creuser des fosses à proximité du mur de l'église » (1).

Le petit château de Blingel, à Mme Wattinne, a été construit de 1842 à 1845, avec les vieilles pierres provenant des démolitions de l'abbaye de Blangy.

ESCLIMEUX

I. — ÉGLISE NOTRE-DAME (Assomption)
ET CIMETIÈRE

Eglise sans intérêt ; deux petites chapelles forment un faux transsept.

On a malheureusement démoli, il y a trente ans, une plus grande chapelle, qui servait de sépulture aux Ghistelles-Saint-Floris. En la détruisant, on a découvert des cercueils et un cœur de plomb (2).

Dans la chapelle Nord, mur Est, une petite pierre noire est encastrée dans la muraille ; l'inscription se lit dans un encadrement ovale :

---

(1) Questionnaire Cardevacque.

(2) Voici d'intéressantes notes de M. G. Cappe de Baillon sur ce sujet : « Plusieurs de ces derniers (les Ghistelles) ont reçu la sépulture dans l'église de ce village (Eclimeux), dans un caveau qui s'est écroulé vers 1860. Cette cave sépulcrale renfermait deux cercueils en plomb et une boite, également en plomb, contenant le cœur d'un Ghistelles, décédé à Lille au xviiie siècle. On a comblé la cave sépulcrale en laissant le tout en place, et on a refait la muraille du sanctuaire en y ménageant une fenêtre. Le fond de cette chapelle sépulcrale, qui recouvrait le caveau, située du côté de l'Evangile, contenait un monument en pierre sur lequel étaient représentées des scènes polychromes. Tous ces débris ont été conservés chez M. Narcisse Delbée, menuisier à Esclimeux, rue du Flos ou d'Humières. Peut-être les débris sont-ils encore en la possession de ses descendants ; je les ai vus dans leur grange en 1868 ».

D'après une communication orale du même obligeant confrère, on descendait dans le caveau seigneurial par un escalier de douze ou treize marches de grès, qui ont servi à faire les soubassements de l'école communale bâtie sur le flégard. Les cercueils de plomb ont été laissés au fond du caveau. Le cœur a été inhumé devant le maître-autel ; la plaque de cuivre portant l'épitaphe (d'un Ghistelles), qui était fixée sur lui, en a été séparée et longtemps conservée au presbytère, où elle est peut-être encore.

CŸ GIST
HONORABLE ET TRES
VERTVEVSE DAMOISELLE
ELISABETZ IEANNE LE SAGE
EN SON VIVANT DEMOISELLE SVI-
VANTE A MADAME LA MARQVISE
DE ST FLORIS FILLE DVNE RARE
MODESTIE DVNE PIETEE TRES
SOLIDE & DVNE FIDELITEE &
AFFECTION PEV COMVNE, ELLE
MOVRVT AV CHATEAV DE LA
VIELLE CHAPELLE LE 14E DE
7BRE 1682 AGEE DE 75 ANS
& A FAIT PLVSIEVRS BEAVX
LEGATS A CETTE EGLISE
& DE GRANDES LIBERALITEES
AVX PAVVRES
PRIEZ DIEV POVR SON AME
REQVIESCAT IN
PACE AMEN.

Près de là, dans le mur doxal, à gauche de l'arc triomphal, marbre blanc de forme cintrée :

D. O. M.
CŸ DEVANT REPOSENT LES
CORPS DE PHILIPPE FRANÇOIS
BONNIERRE   (*sic*)
VIVANT BAILLŸ ADMODIATAIRE
DE LA BARONNIE DECLIMEUX,
DÉCÉDÉ LE 31. MARS 1743. AGÉ
DE 72. ANS
ET DE MARGUERITTE
MERLIN   (*sic*)
SON EPOUSE DÉCEDÉE A
MONCHŸ-BRETHON LE 21.
AVRIL 1753. DONT LE CORPS
EST INHUMÉ EN CETTE
EGLISE AGÉE DE 73. ANS
Requiefcat in pace.

En dessous, deux têtes de mort, un os, une faulx, un sablier, etc.

A l'extérieur de la nef, dans le mur Sud, sont encastrés trois marbres blancs portant des épitaphes de la même famille.

1° Dans un cadre cintré, à grecques ; dans le haut, médaillon circulaire portant, sur champ azuré, les initiales *JPFB* entrelacées ; autour du médaillon, deux rameaux.

D. O. M.

Dans cette Eglise

en face de la pierre Sepulcrale

de ses Père et Mére

repose le Corps

de Jacques-Philippe-Florent

BONNIÈRE

en son vivant .

Bailli d'Esclimeux

décédé le 20 avril 1768

agé de cinquante deux ans

et

Cy-devant repose le Corps

de Marie-Magdelaine

DUFOUR

son épouse

décédée le 17 8bre 1788,

agée de soixante sept ans

et trois mois

Requiefcant in pace.

2°

D. O. M.

ci devant

reposent les corps de marie

magdelaine joseph bonnière

décédée en célibat

le 10 mai 1807 agée

de 57 ans

et du sr philippe charles

alexandre bonnière

maire de cette commune

et membre du collège

electoral du département

du pas-de-calais

DÉCÉDÉ AUSSI EN CÉLIBAT
LE 9 xbre 1816, AGÉ
DE 65 ANS
PRIEZ DIEU POUR LEURS AMES
REQUIESCANT IN PACE.

3° La troisième plaque de marbre contient des épitaphes récentes.
Dans le cimetière, près des épitaphes précédentes :
Croix de fer, plaque de plomb :

D. O. M.

ICI REPOSENT LES CORPS DE M. BENOÎT
FLORENT JOSEPH BONNIÈRE DÉCÉDÉ A
ECLIMEUX LE 7 MAY 1832 AGÉ DE 72 ANS
DE HENRIETTE ZÉLIE MARIE JOSEPH
BONNIÈRE SA PETITE FILLE DÉCÉCÉE (sic) A
ECLIMEUX LE 21 MARS 1831.

Etc., etc.; suivent des épitaphes plus récentes.

Dans le même cimetière, pierre plate :

☩

ICI REPOSE
LE CORPS DE LOUIS VICTOR IVART
NÉ A BOULOGNE SUR MER LE 18 JUIN 1739
ORDONNÉ PRÊTRE le 22 xbre 1764
CURÉ DE CETTE PAROISSE D'ECLIMEUX
DEPUIS LE 10 NOVEMBRE 1779
DÉCÉDÉ LE 12 DÉCEMBRE 1823
IL RECOMMANDE SON AME AUX PRIÈRES DES FIDÈLES.
ICI CONTRE
REPOSENT LES CORPS DE MARIE ANTOINETTE
CATHERINE IVART, NÉE A BOULOGNE-
SUR-MER LE 11 FÉVRIER 1744
DÉCÉDÉE LE 25 OCTOBRE 1820
ET DE PHILIPPE DEBOFFE CULTIVATEUR SON ÉPOUX
NÉ A ECLIMEUX LE 22 NOVEMBRE 1754
DÉCÉDÉ LE 13 OCTOBRE 1819
PRIEZ DIEU POUR LE REPOS DE LEURS AMES.

La cloche porte la curieuse inscription qui suit :

LAN 1782 JE FUS BENITE ET NOMMEE PHILIPPINE LOUISE PAR TRES HAUTE ET TRES PUISSANTE DAME MADAME LOUISE ELIZABETH NEE PRINCESSE DE MELUN PRINCESSE DE GHYSTELLES GRANDE DESPAGNE DE LA PREMIERE CLASSE DAME POUR ACCOMPAGNER MESDAMES DE FRANCE TANTE (*sic*) DU ROY LOUIS XVI DAME DE LA PREVOTEE DE DOUAY DE DOMPVAS TOURS HELENCOURT E.T.C. MA MARRAINE REPRESENTEE PAR DEM^BLLE MARIE MADELAINE DUFOUR FERMIER DU CHATEAU DUDIT ECLIMEUX V^E DU SIEUR [*Jacques Philippe Florent Bonnière*] EN SON VIVANT FERMIER ET BAILLY DU DITS LIEUX.

PAR TRES HAUT ET TRES PUISSANT SEIGNEUR MONSEIGNEUR PHILIPPE ALEXANDRE EMMANUEL FRANCOIS JOSEPH PRINCE DE GHYSTELLES RICHEBOURG PRINCE DU S^T EMPIRE ET GRAND DESPAGNE DE LA PREMIERE CLASSE CONSTABLE DE FLANDRE SENESCHAL DE HHAYNAU PAIR ET BARON DE BRETAGNE MQS DE CROIX DE S^T FLORIS BARON DECLIMEUX MON PARRAIN REPRESENTE PAR LE SIEUR PHILIPPE DE BONNIERRES FILS DE JACQUES PHILIPPE FLORENT.

JE FUS FONDUE PAR FLORENTIN [*et*] FRANCOIS GORLIER (1).

II. — CHATEAU

L'ancien château d'Esclimeux, transformé en ferme, appartint successivement aux Tilly, aux Fléchin, aux Wissocq et aux Ghistelles. Mme de La Bretesche, née de Tramecourt, le possède actuellement. L'ancienne entrée ne manquait pas de caractère ; elle était flanquée de deux piliers, sur l'un desquels on voyait encore un écu à la fasce accompagnée de 3 lozanges (Wissocq). Ce porche a été malheureusement démoli en 1904, et remplacé par une grange.

Le corps de logis date de 1601 et fut construit par les Wissocq, ainsi qu'en témoignait une pierre commémorative placée dans le pignon du fournil (côté ouest), où l'on voyait ce millésime encadrant leur devise (2) :

SEMPER VNVS WISSOCQ
1601

Ce logis est assez grand, bâti en briques, avec ornements en pierre ; les fenêtres, croisées, encadrées de pierres moulurées, sont assez bien conservées pour la plupart ; elles sont carrées, mais au-dessus se dessine un arc de

---

(1) Communication de M. Merchez, curé.
(2) Note de M. G. Cappe de Baillon. Cette pierre semble avoir disparu.

décharge en cintre surbaissé, sur les briques duquel ressortent trois pierres sculptées en diamant. Les fenêtres sont percées irrégulièrement. Près de la porte, en grés, un écusson bûché ne laisse plus voir que le heaume et les lambrequins. L'extrémité gauche du logis, quoique à peu près du même style que le reste, semble un peu plus ancienne ; la corniche y est à petits modillons et non en simple larmier ; les ornements des fenêtres sont différents.

Une girouette du pigeonnier, tombée et perdue, portait, croit se rappeler M. le curé, la date 1612.

Les salles du rez-de-chaussée sont voûtées par travées.

Au premier étage, on remarque dans une salle dite la chambre du prince de Ghistelles, une magnifique cheminée de grés, l'une des plus belles qui se puissent vo.r. Le linteau est orné, en son milieu, d'un pot de tulipes entre deux cordelières tenues par des anneaux.

A dextre, un écu à la fasce accompagnée de 3 lozanges.

A senestre, écu en lozange parti comme dessus, parti..... Ces écus et les suivants ont été martelés, sauf la fasce que l'on a respectée partout. Les deux écussons sont entourés d'une couronne de feuillages. Ils doivent être attribués à Julien de Wissocq, seig[r] de Bomy, La Couture, chevalier en 1596, mort en 1607, et à Marie de Fléchin, dame d'Esclimeux, sa femme (ou, si la cheminée est un peu plus récente que le château, à leur fils Louis, baron d'Esclimeux, marié à Jossine Françoise de Sivry).

A la base du linteau, règne une corniche à oves.

Le manteau de la cheminée repose sur deux beaux lions dressés, tenant des écussons semblables à ceux qui précèdent. Leurs têtes sont coiffées de chapiteaux ioniques, surmontés de consoles en S, ornées, à la partie antérieure, d'une tête d'ange, et soutenant le linteau qui est ainsi reporté en avant.

Les lions, posés sur un socle à mascaron, sont tout à fait détachés du mur de fond, qui est orné, derrière eux, de pilastres ioniques tapissés de rameaux de vigne. (1).

-----

(1) « Au premier étage, dans une salle à solives apparentes, se trouve une curieuse cheminée en grés de 3 mètres environ de long sur 2 mètres 30 de haut ; les jambages représentent des lions dressés tenant dans leurs pattes de devant un écusson ; sur le bandeau qui a 80 centimètres de large se trouvent sculptés au milieu d'arabesques et à droite et à gauche deux écussons de la famille de Tilly, anciens seigneurs » (Note de M. Ferry Danvin, de St-Pol. — Cte G. de Hauteclocque, *Dict. hist. P.-de-C.,St-Pol*, II, p. 309).

6

Les sommiers de la salle où se trouve cette cheminée étaient sculptés d'écus qui ont été bûchés.

La chapelle castrale, édifiée sur quatre piliers abritant le puits du jardin, était située au premier étage et communiquait avec la chambre que je viens de décrire, par une large ouverture cintrée, encore visible dans la muraille du Sud (1). Elle est détruite depuis longtemps.

Notons enfin, dans la cour, un grand pigeonnier en briques et pierres, juché sur une porte charretière en plein cintre, d'un style vraiment monumental et moins ancien que le château. M. Cappe y a vu deux écussons accolés : le premier fruste, le second aux armes de Créquy, sculptés sur le tympan de l'arcade ouest, sous laquelle se trouve le passage entre les deux cours de la ferme.

Claire de Créquy, fille d'Antoine de Créquy et d'Anne-Marie de Croÿ, épousa Philippe-Alexandre de Ghistelles, marquis de Saint-Floris, mort en 1721, fils d'Adrien-François de Ghistelles et de Marie-Françoise de Wissocq (2).

L'ancien logis du fermier, qui existe encore, est situé entre les deux cours et adossé au beau pigeonnier.

FILLIÈVRES

I. — ÉGLISE NOTRE-DAME

L'église est toute neuve, dans le style flamboyant (3). Seule, la belle tour est du xvie siècle ; on lisait, sur le portail, la date

1581

qui a été reportée sur une pierre neuve au-dessus du même portail récemment élargi. Cette date est surmontée d'un reste d'inscription ou d'ornement quelconque, très fruste.

---

(1) Le curé venait y dire la messe de temps en temps. La famille de Bonnières a conservé la pierre d'autel, en grés, de cette chapelle, pendant tout le temps qu'elle a habité cette ferme. (Note de M. Cappe de Baillon).

(2) Mss. Godin, Bibl. d'Arras, vol. C, f° 342 v°. — Communication de M. Cappe de Baillon.

(3) Selon les centièmes de 1569, la fabrique possédait 25 mesures de terres ; on dut les hypothéquer pour reconstruire l'église entièrement démolie par les Français pendant les dernières guerres, « lorsque l'Admiral y estoit ». (Cte G. de Hauteclocque. *Dict.*, cité, p. 313).

Le chœur est du xve ou xvie siècle ; « l'église ancienne avait certainement plusieurs

Avant la Révolution, Fillièvres possédait trois cloches ; leur charpente a toujours subsisté. La plus grosse, seule ancienne, va nous retenir assez long-temps ; c'est une belle cloche du poids de 1578 kg. 500 gr. ou 3157 livres ; le battant pèse 40 kg. ; diamètre 1ᵐ31. En voici l'inscription :

✠ (*petite croix haussée*) IAPPARTIENS A LÉGLISE DE FILLIEVRES. IAY ETÉ BENIE PAR Mᴱ NICOLAS COILLE PRETRE CVRE ET DOIEN EN CHRESTIENNETÉE DV ▬

DISTRICT DVDIT FILLIEVRE, ASSISTE DE Mᴮ SEBASTIEN LECOINTE PRETRE SON VICAIRE IE SVIS NOMMÉE ISABELLE PAR MESSIRE GAS ▬

PARD BERNARD IEAN DOMINIQVE DE VILLEGAS CHEVALIER COMTE DE Sᵀ PIERRE SEIGNEVR DE LA TERRE BARONIE ET HAVTE ▬

IVSTICE DVD FILLIEVRES APPENDANCES ET DEPENDANCES VICOMTE DE LA THIEVLOI BARON DE RIVIERE Sᴿ DE KINSKOSTE GEM HOR ▬

EM HAM RELIGEM BIBOR WACHIN ET DAVTRES LIEVX ET PAR DAME ISABELLE MARGVERITTE THEODORE IOSEPH NEE VANDER LEAN COMTES ▬

SE VICOMTESSE BARONNE ET DAME DESDITS LIEVX SON EPOVSE ALEXANDRE DOMINIQVE ENGRAMELLE BAILLY ET REᴿ DVD. FILLIEVRES, 1763 (1).

Au-dessus de l'inscription, quelques têtes d'anges. Au-dessous, course de palmettes. Pas de signature de fondeur (2). Sur une face, un Calvaire avec la

---

nefs. On retrouve encore les fondations de la nef latérale du côté de l'Evangile, sur toute la longueur de l'église. On a retrouvé aussi dans les travaux de reconstruction, soit en creusant les fondations nouvelles, soit en démolissant les vieux murs, de nombreux débris de colonnes et de sculptures qui indiquaient, à n'en pouvoir douter, l'existence de plusieurs nefs. C'est l'avis de M. Clovis Normand, architecte à Hesdin, dont on ne saurait nier la haute compétence. Elle était d'un beau style roman. Démolie par les Français et reconstruite en 1569 ; détruite par un incendie en 1649, l'église que nous avons remplacée avait été rebâtie sur des murs de deux époques différentes, entés l'un sur l'autre dans des temps bien plus reculés. M. Normand affirme avoir retrouvé, dans ces fondations anciennes, des vestiges du xᵉ, ou tout au moins du xɪᵉ siècle.

« L'église actuelle a été construite, sauf la tour et le chœur, en 1895-1896 ; on n'a pas conservé les fondations anciennes, car l'église d'autrefois avait une position doublement irrégulière, et par rapport au chœur, et par rapport à la tour. Dans l'impossibilité de corriger cette double irrégularité, on a mis les nouvelles constructions d'accord avec l'axe du chœur ». (Abbé Harduin ; réponse au Questionnaire Cardevacque).

(1) 3 carré. — *Sic* pour l'orthographe, les accents et la ponctuation de toute l'inscription.

(2) Mais un acte publié dans l'*Epigraphie* du *Canton d'Hesdin* (p. 103) nous apprend que le fondeur Charles Baudouin, domicilié à Arras, opérait à Fillièvres en août 1763. On peut donc lui attribuer à coup sûr la cloche qui nous occupe.

Madeleine aux pieds, sur trois marches de rinceaux. Trois feuilles de saule au
bout des bras de la croix. — De l'autre côté, la Vierge-Mère, une tête d'ange,
des feuilles et deux écussons accolés, de forme ovale :

1° Villegas : écartelé 1) à la bande lozangée ; 2) à la fasce bretessée et
contrebretessée ; 3) id. ; 4) à 3 fasces de pourpre. Sur le tout, écu chargé d'une
croix potencée (et enhendée ?), accompagnée de 4 tours (aux angles) et de 4 anne-
lets posés en croix.

2° Van der Lean : parti d'azur au chevron accompagné de 3 barils avec
leurs entonnoirs ; parti semé de France, au chef d'argent chargé d'une fasce
d'azur.

Au-dessous se lit le nom : VILLEGAS.

Supports : 2 lions gardants ; couronne à 13 perles (dont trois au-dessus
des autres) ; au-dessous des écus, coquille. Joli ensemble de style Louis XV.

Voici ce que m'écrit M. Donnet au sujet de ces armoiries :

« La famille de Villegas, d'origine espagnole, a été longtemps établie à
Anvers ; elle existe encore. Les armoiries de la cloche de Fillièvres me semblent
représenter approximativement celles de la branche actuelle des comtes de
Villegas de S¹-Pierre-Jette, qui sont écartelées : *au 1 d'or à la fasce bretessée et
contrebretessée de sable* (qui est Kintsschots) ; *au 2 fascé d'or et de sinople*
(qui est Oyenbrugge) ; *au 3 d'argent à 5 lozanges de gueules accolés en bande*
(qui est Ophem) ; *au 4 d'argent à un cœur de gueules surmonté d'une couronne royale d'or, au chef d'azur chargé de 3 étoiles d'or* (qui est Douglas) ;
*sur le tout, d'argent à la croix florencée de sable, vidée du champ, à la bordure
componée de 16 pièces de gueules et d'argent, chaque compon de gueules
chargé d'une tour d'or, et chaque compon d'argent chargé d'une chaudière de
sable.* (Villegas).

Le blason de Fillièvres est donc écartelé au 1 d'Ophem, aux 2 et 3 de
Kintsschots, au 4 d'Oyenbrugge. Sur le tout de Villegas (1).

---

(1) Les descriptions des armes de Villegas ne concordent pas toujours bien entre
elles ; on rencontre parfois celle-ci : *d'argent à la croix vidée, enhendée (a) de sable,
à la bordure componée de 16 pièces d'argent et de gueules*, etc. (la suite conforme).

(a) D'après Menestrier (*La Nouvelle Méthode raisonnée du Blason*, édit. 1718, p. 79), le mot
« enhendé » vient de l'Espagnol *enhendido*, qui signifie refendu : ces croix à refente sont communes
dans les armoiries d'Allemagne ».

Selon Alph! Labitte (*Traité Élémentaire du Blason*, p. 207), « enhendé se dit de la croix dont
les branches sont terminées par des crochets entre lesquels se trouve un fer de lance ; lorsque le
pied de la croix est refendu, on le dit enhendé ».

Quant aux Van der Lean, il faut, je crois, lire Van der Laen ou Van der Lanen; leurs armes sont *d'azur au chevron d'argent accompagné de 3 barils, chacun avec son entonnoir, du même* (1).

Le second parti de Van der Laen, sur la cloche est certainement Bernemicourt-Saluces : *d'azur au chef d'argent, écartelé de sable, semé de fleurs de lys d'or.*

Le *Dictionnaire historique du Pas-de-Calais* (2) nous apprend que Fillièvres appartint aux Bernemicourt-Saluces, puis (il ne dit pas comment) aux Van der Laen, et passa de ceux-ci aux Villegas par alliance. La partition de l'écu nous fait savoir que c'est également par mariage que cette terre fut transmise des Bernemicourt aux Van der Laen.

Gaspar Bernard Jean Dominique de Villegas, comte de Saint-Pierre par

---

(1) Cf. *Inscriptions funéraires et monum. de la Province d'Anvers*, t. VIII, *Cathédrale de Malines*, pp. 71 à 74 ; plusieurs tombes des Van der Laen, de Malines, chevaliers dès le xvie siècle et très bien alliés ; seize quartiers dès 1601. La branche fixée à Lille portait à peu près les mêmes armes, mais était de condition beaucoup plus modeste. On voit dans l'*Armorial* de 1696 (*Flandre*, édit. Borel d'Hauterive, p. 33) l'écusson de » Ambroise Van der Lanen, marchand à l'Ille, et Margueritte Françoise du Toict, son épouse : *d'azur à un chevron d'argent accompagné de trois barils, garnis de leurs entonnoirs de mesme, le chevron chargé d'un écusson de gueules, à un cheval d'argent ;* accolé etc. — Ibid., p. 36 : « Henry Josse Vanbelle, marchand, et Agathe Van der Lanen, son épouse », mêmes armes : « *d'azur à un chevron d'argent accompagné de trois barils, chacun avec son entonnoir de même, le chevron chargé sur la pointe d'un écusson de gueules, à un cheval passant d'argent*».

(2) *St-Pol*, t. II, p. 311, par le Cte G. de Hauteclocque.— « Cette terre, ayant été plus tard aliénée par la couronne d'Espagne, fut possédée par les seigneurs de Bernimicourt, vicomtes de La Thieuloye. En 1635, François de Bernimicourt, seigneur de Fillièvres, fils de Charles seigneur de La Thieuloye, était chevalier d'honneur et d'épée du Conseil d'Artois, par résignation de son père (P. Ignace). Sa petite-fille, Marie-Louise, dame de Fillièvres, etc., épousa son oncle, Joseph-François de Bernimicourt, colonel de cavalerie, député des Etats d'Artois, mort en 1706. Il porta le premier de cette famille le nom de Saluces... En 1757, la seigneurie était possédée par la famille Van der Laen de Bisecque, habitant la Belgique.... Marguerite-Isabelle-Théodore-Joseph Van der Laen, vicomtesse de La Thieulloye, dame de la baronnie de Fillièvres, etc., porta ce domaine à son mari Messire Pierre-Gaspard-Bernard-Jean-Dominique de Villegas, chevalier, comte de St Pierre, baron de Rivière, etc. Ils demeuraient à Bruxelles. En 1789, cette famille possédait encore cette seigneurie ».

lettres-patentes du 15 juillet 1767, seigneur de la baronnie de Rivière, de Kinschot (fils de Jean-Dominique-Joseph et de Marie-Anne-Thérèse du Bois dite Van den Bossche), né le 12 octobre 1724, mort le 4 X^{bre} 1784 et enterré à Ste-Gudule, a épousé le 30 avril 1752, à Gand, Isabelle-Marguerite-Théodore-Josèphe Van der Laen, dame de la Vicomté de La Thieuloye, née le 10 avril 1725, morte à Bruxelles le 24 septembre 1785 et inhumée à l'abbaye de Dieleghem dans le caveau de sa famille, fille de Philippe-Louis-Théodore Van der Laen et de Marguerite-Françoise-Josèphe Ysebrant (1).

Deux cloches neuves sont venues récemment s'adjoindre dans le clocher de Fillièvres à celle qui précède (2). A part les inénarrables épigraphes des cloches de Nédonchel, élucubrations d'une cervelle en délire, je n'ai peut-être jamais vu pareille débauche de bavardage campano-épigraphique que sur les deux nouvelles cloches de Fillièvres. On peut lire en note ces interminables inscriptions.

Les dalles funéraires qui existaient dans l'église de Fillièvres ont disparu dans la reconstruction. Il est une pierre de fondation, toutefois, dont le texte, fort prolixe aussi, nous a été conservé par une note de M. l'abbé Merchez : Elle était placée dans le mur du chœur, gravée sur une pierre d'ardoise :

---

(1) Goethals, *Dictionnaire Généalogique*, article *Villegas*.

(2) 1° Moyenne cloche (diamètre 1^{m}05 à 1^{m}10) :

JE ME NOMME GABRIELLE LEONIE ANTOINETTE MARIE DU CARMEL. J'AI ETE BAPTISEE LE 3 AOUT DE L'ANNÉE 1902 PAR M^R L'ABBE ARTHUR HARDUIN DOYEN DE FILLIEVRES

ASSISTE DE MM^{RS} LES ABBES ADOLPHE COACHE, LOUIS HULO DOYEN DE RIVIÈRE, ALBERT MERCHEZ CURE D'ESCLIMEUX, PIERRE OUDIN AUMONIER A S^T-OMER, FRANCOIS PROTIN

PRETRE DE L'ASSOMPTION, MODESTE PROTIN SEMINARISTE, ORIGINAIRES DE FILLIEVRES, EDMOND LIEVRE CHANTRE ET D'UN GRAND NOMBRE DE PRETRES DU DOYENNE ET D'AUTRES

LIEUX J'AI EU POUR PARRAINS MM^{RS} PIERRE MESNARD DE FILLIEVRES ET JEAN BACUEZ D'HERMIES, POUR MARRAINES M^{ELLES} LEONIE BUE DE FILLIEVRES ET MARIE ANTOINETTE

LEQUETTE DE BAPAUME. MES PRINCIPAUX DONATEURS SONT : MM^{RS} VICTOR MESNARD-LESOT PRESIDENT DU CONSEIL DE FABRIQUE, VALERY BELLIART-HERBETTE PRESIDENT DU BUREAU

DES MARGUILLIERS, OCTAVE SUEUR-THUILLIER TRESORIER, MM^{RS} GUSTAVE BUE-MENARD MAIRE, FRANÇOIS BUGNY-GUILLEMAND ADJOINT, HYACINTHE OUDIN-BEAUSSART, IN PACE

AUGUSTIN THORILLION, AUGUSTE THUILLIER-LEFEBVRE FABRICIENS ET CONSEILLERS MUNICIPAUX, BENOIT BUGNY-SUEUR, EMILE HENART, ZACHARIE HULO, ERNEST PORE,

VICTOR MERCHEZ-CHAUVIN, SIMEON HERBET CONSEILLERS MUNICIPAUX ; GABRIEL LEROY INSTI-TUTEUR-GREFFIER : M^R LE COMTE DE LA BARTHE, MME V^{VE} BACUEZ D'HERMIES

LA FAMILLE DUPUIS-FONTAINE, M^{ELLES} LEONIE BUE ET MARIE BUE MR JOSEPH LEQUETTE

LES FAMILLES SUEUR-PROTIN, HELLE-PETIT, MOURTIER-VISCHERY, MERCHEZ-CHAUVIN, LOISEL ET SELLIER, MME V^E HANNEDOUCKE

J'AI ETE PRECHEE PAR M^R L'ABBE ALPHONSE COHET CURE DE FREMICOURT.

En dessous : le Christ en croix, la Vierge, et la marque de la fonderie Wauthy, à Douai.

CI DEVANT REPOSE LE CORPS DE UBLE (1) HOMME
MONSIEVR MRE LOVIS MARTIN VIVANT PBRE (2)
CHANOINE DE LA VILLE DE S^T PAVL NATIF DV
VILLAGE DE FILLIEVRES LEQVEL PAR SON
TESTAMENT GROSSE EN LA VILLE DE HESDIN
PAR J. DE FARCY A LEGATÉ A CETTE EGLISE VN
MANOIR DE DEVX MESVRES SEANT EN LA RVEL GRISE
A CONDITION QVE MR LE CVRÉ FASSE VINGT FOIS
PAR AN LE CATHECHISME POVRQVOY IL AVRA SIX
SOLS ET QVATRE AV CLERCQ. A ENCORE LEGATÉ
A LADITE EGLISE VINGT CINQ MESVRES DE TERRES
A LA CHARGE DE TROIS MESSES EN QVINZE JOVRS A LA

2o Petite cloche (diamètre 0m88 à 89) :

JE ME NOMME AMBROISINE MARGUERITE LOUISE L'ARTESIENNE. J'AI ETE BAPTISEE LE 3 AOUT DE L'ANNEE 1902 PAR M^R L'ABBE ▬

ARTHUR HARDUIN ; DOYEN DE FILLIEVRES. ASSISTE DE MM^{RS} LES ABBES ADOLPHE COACHE, LOUIS HULO DOYEN DE RIVIERE, ALBERT MERCHEZ ▬

CURE D'ESCLIMEUX, PIERRE OUDIN, AUMONIER A S^T OMER, FRANÇOIS PROTIN PRETRE DE L'AS-SOMPTION, MODESTE PROTIN SEMINARISTE, ORIGINAIRES ▬

DE FILLIEVRES ; EDMOND LIEVRE CHANTRE ET D'UN GRAND NOMBRE DE PRETRES DU DOYENNE ET D'AUTRES LIEUX. J'AI EU POUR PARRAINS MM. ▬

L'ABBE LOUIS HULO DOYEN DE RIVIERE, PIERRE DE ROCQUIGNY DU FORESTEL ET POUR MARRAINES M^{ELLES} AMBROISINE MERCHEZ DE PARIS ET ▬

MARGUERITE LESUEUR DE S^T QUENTIN, AISNE ; MES PRINCIPAUX DONATEURS SONT MM. L'ABBE HULO, LESUEUR NOTAIRE A S^T QUENTIN, PIERRE DE ROCQUIGNY ▬

DU FORESTEL, L'ABBE ALBERT MERCHEZ, L'ABBE PIERRE OUDIN, HONORAT BUE, ALBERT BUE DE PROVINS, MR TROGNEUX, M^{ELLE} GABRIELLE TROGNEUX ▬

DE MEZICOURT, SOMME ; MM. VOITURIER-COFFIN, D'AMIENS, FRANÇOIS DESPLANQUE, DE PARIS ; BENONI TALMANT, DE BEAURAINVILLE, COLLET-THORILLION, DE NEULETTE ; ERNEST ▬

HANNEDOUCKE, BENJAMIN MERCHEZ, DE PARIS, MME FLORINE BUGNY DE PENIN, MR COFFIN ALBERT ET LA FAMILLE VOITURIER-JOURDAIN A AMIENS, EDOUARD CHABÉ D'EU ET UN ▬

GRAND NOMBRE D'AUTRES ENFANTS DE FILLIEVRES QUI ONT QUITTE LA PAROISSE MAIS N'ONT PAS OUBLIE LEUR CLOCHER. J'AI ETE PRECHEE PAR M^R L'ABBE COHET CURE DE FREMICOURT.

Plus bas, au burin :

MERCI SPÉCIAL
A MR J^H MERCHEZ
DE PARIS.

Signature : FONDERIES C. WAUTHY
DOUAI
NORD.

(1) Vénérable.
. (2) Prêtre.

RETRIBVTION DE DIX SOLS POVR LEDIT PASTEVR DE
PLVS LEDIT SIEVR MARTIN A DONNE A LA PAVVRETÉ
DVDIT FILLIEVRES TRENTE QVATRE MESVRES DE
TERRE ET VN MANOIR AMAZÉ CONTENANT VNE MESVRE
ET DEMIE ET VNE DEMIE MESVRE DE BASSVRE A CON-
DITION QVE LES ADMINISTRATEVRS DE LADITE
EGLISE FASSENT DIRE DOVZE OBITS PAR AN A LA
RETRIBVTION DE QVINZE SOLS POVR LEDIT CVRE
ET CINCQ POVR LE CLERCQ AVEC LE NOMBRE
DE SOIXANTE DIX HVIT MESSES A DIX SOLS
SEVLEMENT. EN OVTRE A ESTE DONNE PAR LEDIT
TESTATEVR TROIS CENT LIVRES MISES EN
COVRS DE RENTE OV FONT DE TERRE POVR
FAIRE LE SALVT ET PROCESSION DV V. S^T SACREMENT
TOVS LES DIMANCHES ET FESTES POVRQVOY
LEDIT CVRE AVRA TROIS SOLS ET LE CHAP-
PLAIN ET LE CLERCQ CINCQ SOLS PAR EGALE
PORTION. PAR AVANT SA DERNIERE MALADIE
A DONNE LA TABLE ET LE TABLEAV DV MAISTRE
AVTEL A LA CHARGE QVE LESDISTS ADMINIS-
TRATEVRS ONT PROMIS PAR ACTE FAIT SVR
LE REGISTRE DE LA FABRIQVE DE CETTE
EGLISE LVY FAIRE CHANTER VN OBIT LE SEIZE
DAOVST ET ESTRE RECOMMANDE AV PRONE DE
LA MESSE PAROISSIALLE LE TOVT A PERPETVITÉ
IL EST DECEDÉ LE 6 DE JANVIER 1680 AGÉ DE
76 ANS. AMY LECTEVR PAR CHARITÉ
     N'OVBLIEZ POINT DE LVY DIRE VN
       REQVIESCAT IN PACE AMEN.
       (Tête de mort, ossements en sautoir).

Avec les pierres tombales, les curieux tableaux et les ornements anciens (1)
de l'église de Fillièvres ont disparu sans retour (2).

---

(1) Cf. Loriquet, *Catalogue de l'Exposition rétrospective d'Arras*, 1896, p. 292.

(2) « On a retrouvé, en creusant les fondations de l'église, plusieurs tombes fort
antiques, en pierre de taille. Il y avait une place spéciale pour la tête. Quelques-unes
contenaient encore des restes d'ossements, mais pas autre chose ». (Notes de M. Harduin, questionnaire Cardevacque).

II. — BOURG

Dans le bourg, peu de choses intéressantes.

Ferme de l'Abbaye (autrefois à l'abbaye de Saint-Josse-sur-mer). Bâtiments anciens ; beau pigeonnier carré. Date gravée :

1628

Maison à l'entrée du village ; ancres sur le pignon :

17
73

Autre maison sur la route de Frévent ; ancres :

P

A   F
1   7
8   2

FRESNOY-LEZ-HESDIN

EGLISE SAINT-SULPICE

Rien à noter pour l'épigraphie, mais je ne puis me tenir de signaler la curieuse construction du chœur (1) et une grande statue de la Vierge-Mère (2), en bois, du xvie siècle.

La cloche date de trente ans environ.

---

(1) Ce chœur a peu de style, mais c'est une construction d'un genre tout particulier. Il se compose d'une seule travée rectangulaire, en pierre de craie, à murs extrêmement épais, percés de deux fenêtres en tiers-point et de meurtrières obliques, encadrées de grés. Un larmier règne au dehors, à hauteur de l'imposte des fenêtres, et se relève en archivolte. La voûte, à huit branches d'ogives, très basse, est surmontée d'un grenier élevé qui a dû servir de refuge à la population ; les murs latéraux du chœur s'élèvent beaucoup plus haut que la voûte. On accède au grenier par une porte percée très haut dans le pignon Est. Evidemment cette église a servi de fort aux habitants pendant les guerres franco-espagnoles.

Or, le *Gros d'Hesdin* contient un marché passé en 1595 entre les habitants de Fresnoy et Benoît Lagnier, maçon à Regnauville, pour la construction « d'ung cœur *et le monter à usaige de fort* ». (Arch. P.-de-C.). Cet acte nous donne la date précise du chœur de Fresnoy.

(2) Cette statue, placée sur le portail, à l'extérieur, est d'un très bon travail ; sa

GALAMETZ

EGLISE SAINT-MARTIN

L'église de Galametz, haute, claire et gaie, est du xviiie siècle, sauf la tour octogone sur base carrée, très svelte et étroite, semblable à celle de St-Georges et analogue à celles de Willeman et de St-Michel-en-Ternois. Je la crois de la fin du xvie siècle ou de la première moitié du xviie.

Le maître-autel, de style Louis XIII et d'un bon travail, porte les armes de France sous couronne fermée.

L'autel latéral du Sud est orné de deux écus sculptés sur bois, non timbrés :

1° d'argent à la bande de gueules, chargée en pointe d'un croissant versé de..., et accompagnée de 10 billettes de..., 5 et 5.

2° de Brandt de Galametz : d'azur à 3 flammes d'or.

Ces écussons sont intervertis, et de plus le premier est renversé ; il doit se lire : *d'or à la bande de gueules chargée* EN CHEF *d'un croissant d'argent et accompagnée de 10 billettes de gueules*. Ce sont les armes des Mathon de Sachin.

Alexandre François Ignace de Brandt, chevalier, créé en mars 1758 comte de Marconne et de Galametz, grand bailly héréditaire des ville, cité et gouvernance d'Arras, mort en 1776, épousa Jeanne *Marguerite* (alias *Catherine*) Mathon de Sachin, en 1752. Il fut créé comte palatin le 7 octobre 1734 et reçu dans le corps de la noblesse des Etats d'Artois le 29 octobre 1750 (1).

Voici quelques notes sur l'ancienne cloche, extraites du registre paroissial de Wail :

« La cloche de Galametz, d'un poids qui ne doit pas dépasser de beaucoup 225 kg., est suffisante pour les besoins de l'annexe ; elle a un son clair et agréable. Elle a été fondue en 1777, comme l'indique son inscription :

---

robe est ornée d'un galon perlé et décoré de pierres précieuses ; l'Enfant est porté sur le bras droit de sa mère. Elle est posée sur un cul de lampe également en chêne, de la même époque et très curieux, en forme d'arbre noueux, la tige entrelacée de plantes grimpantes ; dans les feuilles est un monstre que la Vierge foule aux pieds.

(1) Mgr Meunier, *Marconne*, p. 145 et sq. — Cte de Hauteclocque, *Dict.* cité, St-*Pol*, II, p. 318.

« ✠ JE SUIS NOMMÉE MARIE ANNE LOUISE PAR TRÈS-NOBLE ET TRÈS-ILLUSTRE SEIGNEUR MESSIRE JEAN ALEXANDRE MARIE DE BRANDT, CHEVALIER, COMTE DE BRANDT DE GALAMETZ, SEIGNEUR DUDIT LIEU ET MARCONNE, ET PAR TRÈS-NOBLE ET TRÈS-ILLUSTRE DAME MARIE-ANNE-LOUISE BARBIN DE BROYE (1), COMTESSE DE BRANDT DE GALAMETZ, PARRAIN ET MARRAINE, 1777. — B. F. BUSSON, LIEUTENANT, L. DOLLET MARGUILLIER.

« On y voit aussi une croix avec l'image de Notre-Seigneur, ayant à droite l'image de la S\ :sup\ Vierge et à gauche celle de S\ :sup\ Martin.

« Les armes de la famille de Brandt de Galametz, représentées sur cette cloche, sembleraient indiquer que cette famille bienfaisante l'avait fait placer à ses frais » (2).

GRIGNY

I. — EGLISE SAINTE-GERTRUDE

Bâtie en briques et pierres, dans un style gothique attardé, l'église de Grigny passe pour avoir été construite par les soins de Dom Placide de Brandt, abbé d'Auchy, vers 1680 (3).

---

(1) Et non *de Brandt de Brayelle* (autre lecture).

(2) Le 24 janvier 1864, la cloche de Galametz fut brisée par la maladresse des sonneurs. M. Lansoy, curé, entra en pourparlers avec M. Drouot, fondeur à Douai, pour l'achat d'une nouvelle cloche et la reprise de l'ancienne.

M. Drouot reprit la vieille cloche et en livra une neuve, moyennant une indemnité de 360 fr. 40 c. La bénédiction eut lieu le 24 juillet ; les parrain et marraine furent Augustin Petit, propriétaire, de Galametz, et dame Julie Vincent, originaire de cette paroisse, à cette époque en résidence à Auxy-le-Château. Cette cloche, payée par la fabrique et les offrandes des parrain et marraine, pèse 259 kg. et porte pour inscription :

JE SUIS NOMMÉE AUGUSTINE JULIE PAR A. PETIT ET JULIE VINCENT MES PARRAIN ET MARRAINE. R. LANSOY CURÉ. AUG. PETIT MARGUILLIER — 1864.

(Registre paroissial de Wail).

(3) Le plan-perspective du siège d'Hesdin en 1639 représente l'église antérieure : très petite, mal orientée, le chœur au sud-est, le portail presque au bord de la Ternoise ; chevet rectangulaire ; clocher de charpente au milieu.

A l'intérieur, sur le mur ouest qui obstrue l'entrée de l'ancien portail, on voit deux écussons peints, vestiges trop restaurés d'une ancienne litre. Ils portent le nom et les armes des Bassecourt et des Salperwick, qui ont successivement possédé la terre et marquisat de Grigny :

BASSECOVRT 1690 : *d'azur à la bande d'argent chargée de trois sautoirs alaisés de gueules.* Couronne de marquis.

SALPERWICK 1789 : *de vair, au franc quartier d'hermines.* Couronne semblable.

Il ne reste aucun vestige des tombes de ces seigneurs, inhumés les uns dans la nef, les autres dans un caveau sous le chœur (1).

Les armes de Salperwick se trouvent encore, mais cachées sous le badigeon, sur la face intérieure du mur latéral du chœur, à gauche, en face du maître-autel.

Les anciens autels latéraux, posés aux frais de l'abbaye d'Auchy, portaient la date **1743** (2).

Il existe dans le mur doxal, vers le chœur, un ancien tronc en bois noir, encastré, saillant, oblong, avec ferrures soignées et trois ou quatre serrures. On y voit la date :

1790

Au-dessus, sur une plaque de bois, on lit :

TRONC	TRONC	TRONC	TRONC	TRONC
DE PAUVRES	DE LA	POUR LE	POUR LE	DE PAUVRES
CAPTIFS	TRESSAINTE	L'EGLISE	TREPASSEZ	MALADES.
	TRINITÉ	*(sic).*		

La seule épitaphe à signaler est un petit carreau de pierre grise dure encastré dans le mur de l'église, sous la première fenêtre sud de la nef à l'extérieur, et disposé en lozange, dont voici l'inscription

---

(1) Jean-François de Bassecourt, seig^r d'Huby, fils aîné de Jean, seig^r de Grigny, mort à Montreuil en 1647, enterré dans le chœur. — Jacqueline de Bassecourt, inhumée dans la nef, 1718. — Mme de Brandt de Marconne, née Marie Isabelle de Salperwick, dans le chœur, 1730. Etc. (Registres de catholicité).

(2) Registre de paroisse de l'abbé Robert.

CY

GIST LE

CORP DE JEAN

BAPTISTE GUECHAR^t

MARGUILLIER DECEDE

LE 14 X^{bre} 1734

REQUIESCAT IN PACE

AMEN

(2 os en sautoir et une larme).

Sur le mur extérieur, on remarque aussi des traces de litre, et cinq écussons de forme ovale, à couronnes de marquis, trop effacés pour qu'on puisse distinguer les armes (Bassecourt ou Salperwick).

J'ai parlé ailleurs (1) de l'ancienne cloche de l'abbaye de Saint-Josse-sur-mer, apportée très anciennement à Grigny, où elle a sonné jusqu'en 1874 ; ce vénérable monument de bronze, datant de 1442, est aujourd'hui au Musée de Douai. Je me bornerai à en répéter ici l'inscription :

la · m · cccc · z · xlij · firêt · n · de · foffeux · abbe · z · connêt · de · cheês · z · lena · y · de · faqueb'gue · marg'te · de · vrecbos · fe fê.

En bas de lá cloche :

· d · iehan · le · grant · d · mikule · de · fains (2).

Dans le cimetière, notons la tombe de « l'abbé François Joseph Robert, fils de Pierre Jean Médard Robert, né à Hesdin le 27 juillet 1809, ancien curé de Merck-Saint-Liévin, de Le Transloy, de Robecq et sur sa demande de Grigny, où il est décédé le 28 9bre 1878 dans sa 70e année ». Cet ami du passé, grand compilateur de documents anciens, méritait ici une brève mention.

---

(1) *Canton de Montreuil*, p. 213.

(2) La cloche actuelle, bénite le 11 8bre 1874, porte l'inscription suivante :

✠ SIT NOMEN DOMINI BENEDICTUM.

JE ME NOMME JULIE SOPHIE FRANCOISE DE PAR MES PARRAIN ET MARRAINE MONSIEUR JULES RENAUT-DEMARET MAIRE DE LA COMMUNE DE GRIGNY ET SOPHIE DUFLOS EPOUSE DE MR DUTOTE ADJOINT AU MAIRE J'AI ETE BENITE PAR MR CARON XAVIER CURE DOYEN DE FILLIEVRES SOUS M^R L'ABBE ROBERT FRANÇOIS J^H D'HESDIN CURE DE GRIGNY 1874.

P. DROUOT F^G N^{TRE} D^{ME} DOUAI.

Cette cloche pèse 710 livres.

II. — VILLAGE

L'église de Grigny qui a précédé celle d'aujourd'hui (1) était dans le village, sur la place du calvaire, au milieu de l'ancien cimetière. On a retrouvé il y a quelques années les fondations de cette église, et l'on en a extrait beaucoup de matériaux, parmi lesquels des marbres et des pierres sépulcrales, avec inscriptions gothiques dont malheureusement on n'a pris aucune note (2).

La pierre tombale de Claude Sébastien Bernard de Becket, aujourd'hui conservée à Hesdin (3), ne vient pas, comme je l'avais cru tout naturellement, de l'ancien couvent des Récollets où elle se trouve à présent. Cette dalle était, en 1877, entre les mains d'un ouvrier habitant Grigny, qui l'avait apportée du Parcq, où il demeurait auparavant. On ne sait où il l'avait trouvée, ni d'où elle provenait (4). Le docteur Brullé acheta cette pierre aux héritiers de son possesseur et la transporta à Hesdin (5).

---

(1) Cf. p. 51 une note sur cette église.

(2) Registre paroissial de l'abbé Robert.

(3) Cf. *Canton d'Hesdin*, p. 37.

(4) Notes de l'abbé Robert, curé de Grigny, avec commentaires de la plus haute fantaisie.

(5) « Il se trouvait dans l'église de Roquetoire une belle pierre votive rappelant la générosité que montrèrent pour ce sanctuaire, en 1315, les frères Ricwart. Ils étaient représentés, ainsi que la femme de l'un d'eux, conduits par saint Maur et agenouillés devant la sainte Vierge. Une inscription indiquait leurs pieuses fondations ; on y lisait :

L'AN MIL IIIᵉ XV POUR VRAY	: DROIT LE Vᵉ JOUR DE MAY
. . . . :	ENCORE ADONQUES POUR MIEULX FAIRE
A ICELLE CAPPELLE CHI :	MESIRE JEHAN DE GRIGNY
LIVRE, GALISCE ET DRAPS D'AUTEL :	Y DONNA SCACHIES, IL EST TEL.
CAR DICELLE ESTOIT CAPPELAIN	: LEDIT DE GRIGNY POUR CERTAIN.
ILS ESTOIT OSSY A ICEULX :	DESSUS DITS LY PROPRES NEPVEUX,
LESQUELS SANS PLUS EN LE SEPMAINE :	ORDONNERENT, CHOSE EST CERTAINE,
TROIS MESSES ESTRE CELEBREES, etc. ».	

(*Dict. hist. du Pas-de-Calais*, Sᵗ-Omer, t. I, p. 215, et Sᵗ-Pol, t. II, p. 323. — *Epigraphie, Canton d'Aire*, pl. II, p. 69).

INCOURT

I. — ÉGLISE SAINT-MARTIN

La nef et le campenard, qui s'élève à l'occident, datent du xvi° siècle. Le chœur est d'un style peu caractérisé ; cependant on lit sur sa muraille, à l'extérieur, ce graffite qui prouve qu'il remonte à la même époque :

du 24ᵉ jour de feburier 1578

et une signature peu lisible.

Sur l'embrasure de la fenêtre nord du chœur, en anse de panier, on lit la date **1744**, qui doit être celle de la refaçon de cette fenêtre.

Dans le dallage du chœur, sous l'arc triomphal, est une petite pierre bleue, malheureusement très endommagée. A la partie supérieure se trouvent un écusson et quatre quartiers. L'écu est aux armes des Le Lièvre : [*d'azur*] à *la fasce* [*d'or*], *accompagnée de 3 molettes à 5 rais* [*du même*] (1). Cet écu est timbré d'un heaume taré de trois quarts, cimé d'une aigle yssante et entouré d'abondants lambrequins.

Le premier quartier de dextre est aux mêmes armes ; les trois autres sont absolument effacés (de Walles, Duval, Couronnel).

L'inscription était assez longue ; voici le peu que j'en ai pu lire :

```
                    D. O. M.
        YCY REPOSE LE CORPS DE IACQUES.  .  .  .  .  .
    .  .  .  .  .  .  .  .  .  .  .  .  .  .  .  .  .  .
    .  .  .  .  CAPITAINE DU CHASTEAU.  .  .  .  .  .
    .  .  .  .  ET DE.  .  .  .  .  .  .  .  .  .  .  .
    .  .  .  .  1668 AGE DE . . 6 ANS FILS DE.  .  .
    .  .  .  .  AUSSY ECUIER Sᴿ DUD.  .  .  .  .  .  .
    .  .  .  .  ET DAᴸᴱ ISAB.  .  .  .  .  .  .  .  .
    .  .  .  .  .  .  .  .  .  .  .  .  .  .  .  .  .  .
    .  .  .  .  MARGUERITE ISABELLE DENIS INHUMEE
    DANS LEGLISE DHUMIERES .  .  .  .  AS .  .  .  .  .
    .  .  .  .  .  .  .  .  .  .  .  .  .  .  .  .  .  .
    .  .  .  .  .  .  .  .  .  .  .  .  .  .  .  .  .  .
    .  .  .  .  .  .  .  .  .  .  .  .  .  .  .  .  .  .
    .  .  .  .  .  .  .  .  .  .  .  .  .  .  .  .  .  .
```

---

(1) Armes attribuées à Louis Bernard Le Lièvre, écuyer, sgr de Nœulette, par l'*Armorial Général* de 1696. (*Artois*, édit. Borel d'Hauterive, p. 34).

Les *registres* de catholicité d'Incourt, bien que conservés pour l'époque (ils remontent à 1625), ne contiennent aucun acte de décès en 1668. Mais les armes et les mots lisibles de l'épitaphe permettent d'identifier les personnages en question.

Isabeau Duval, fille de Nicolas Duval, écuyer, s^r du Nattoy et de la Tramerie, et d'Isabeau Couronnel, épousa, à Arras, par contrat du 21 novembre 1595 : Hugues Brois (4e fils de Jean, écuyer, et de feue d^{lle} Jehenne du Mont-Saint-Eloy), mort le 22 juillet 1597, laissant deux fils : Jean et Hugues, mort sans alliance à Orléans le 29 novembre 1622.

Isabeau Duval s'est remariée en mars 1601 à Jacques Le Liepvre, écuyer, seig^r de Neulette, mayeur d'Aire ; tous deux vivaient le 11 mars 1625, date du mariage de Jean Briois (fils d'Isabeau) avec Jeanne de Belvalet.

Isabeau Duval, morte en 1646, fut inhumée en l'église de Neulette. Elle eut de son second mariage :

Jacques Le Lièvre, écuyer, s^r de Neulette, grand-bailli et capitaine du château de Caumont, marié en mai 1659 à Marguerite Isabelle Denis, dont un fils unique :

Louis Bernard Le Lièvre, écuyer, s^r de Neulette, vivant en 1722 (1).

On retrouve facilement, sur la pierre, la mention de Jacques Le Lièvre, capitaine de Caumont, de ses père et mère et de sa femme. Mais on ne s'explique pas comment Jacques Le Lièvre a été enterré à Incourt, où il n'avait aucune seigneurie et qui alors ne dépendait pas de la même paroisse que Neulette. C'est dans l'église de ce dernier village qu'il eût dû être inhumé (2).

Le campenard, à double arcade en plein cintre sous un toit en bâtière, contenait autrefois deux cloches. La seule qui reste est moderne (3).

---

(1) Notes de Mme de La Charie. — Mémoire sur le procès entre les Briois d'Angres et les Briois de Beaumetz. — Généalogie Le Lièvre dans les Mss. généalogiques Des Lyons de Noircarmes. Voir plus loin, à l'article Neulette, des documents sur les Le Lièvre.

(2) A cette époque, la seigneurie d'Incourt appartenait à la famille Wallart. Le 26 mai 1672, Anthoine Wallart, escuier, s^r d'Incourt et paroissien dudit lieu, mourut en la ville d'Arras; il fut inhumé le 28 dans le *cœur* d'Incourt, « après avoir esté en ma présence administré des sacremens par M. le curé de la paroisse de St-Nicolas de la ville d'Arras ». Signé J. de France, curé. (Reg. de cath. d'Incourt).

(3) En voici l'inscription, d'après le Questionnaire Cardevacque :

ON ME NOMME SOPHIE MARIE FERDINANDE JOSEPHE. MON PARRAIN A ETE Mr FERDINAND MAXIME CADART ANCIEN PROFESSEUR DE L'UNIVERSITE PROPRIETAIRE A HESDIN. MA MARRAINE

II. — CHATEAU

Le petit château ou manoir d'Incourt, ancienne possession des Wallart et des Palisot, ne manque pas de caractère ; il est de la dernière période gothique, et se compose d'un corps de logis rectangulaire, sur l'une des faces duquel s'accole (pas au milieu) une haute et belle tourelle hexagonale à quatre étages. La seule porte de cette façade s'ouvre sur un des pans obliques de la tourelle ; elle est en grés, de forme cintrée, et porte à sa clef la date :

1661

Au-dessus, une niche à coquille, contenant un saint de bois, est accostée de deux panneaux à feuillages et volutes en S, de style Louis XIV. Sous la niche, un écusson bûché. Au-dessus, un dais portant le mot MA tenu par deux anges, et, plus haut, un cartouche IHS entre deux cornes d'abondance. Ces détails accusent bien leur époque, mais tout le reste du manoir est singulièrement archaïque et semblerait dater du xv⁰ siècle plutôt que du xvii⁰. Je ne puis malheureusement entrer ici dans plus de détails.

MAISONCELLE

I. — ÉGLISE NOTRE-DAME

Édifice fort mesquin ; sa forte tour, seule partie un peu intéressante, a été abaissée de la moitié de l'étage supérieur.

Tout auprès du portail latéral, sur le mur sud de la nef à l'extérieur, on lit un graffite de 1591 ; un peu plus loin, sous la fenêtre voisine :

<table>
<tr><td>PLACE DES</td><td></td></tr>
<tr><td>LIBERTIN</td><td>S</td></tr>
<tr><td>A LA MES</td><td>SE</td></tr>
</table>

A ETE MME SOPHIE MARIE DUSAUSSOY EPOUSE DE MR J^{TE} RABACHE CULTIVATEUR ET MAIRE D'INCOURT. J'AI ETE BAPTISEE PAR M VICTOR MARTIN CURE D'ECLIMEUX INCOURT ET NEULETTE. ETAIENT PRESENTS A CE BAPTEME MM. J^{TE} RABACHE CLOVIS CADET MEMBRE DU CONSEIL MUNICIPAL ET HIPPOLYTE ROBLIQUE INSTITUTEUR. 1864.

Le mot *libertin* est encore entendu ici dans son ancienne acception.

La tour contient deux cloches, des plus mal fondues, remplies de défauts qui en rendent les inscriptions peu lisibles. L'une n'est qu'une clochette insignifiante. En 1871, la cloche de Maisoncelle étant fêlée, a été refondue à Maisoncelle même par le sieur Ducrocq, fondeur (1). Le moule s'étant trouvé trop petit pour utiliser toute la matière de l'ancienne cloche, on a consacré ce qui restait à la fabrication d'une clochette (2).

---

(1) C'est la dernière fonte faite *sur place*, dans le Pas-de-Calais, par un fondeur ambulant. Je me trompais donc, en disant (*Canton d'Etaples*, p. 17, et *Canton de Montreuil*, p. 259) que Bécus, en 1848, avait été le dernier de nos *saintiers* voyageurs, et les cloches de Waben, de Cormont et du Biez, les dernières fondues sur place. Mais, à vrai dire, après des produits comme ceux de Maisoncelle, il était temps de s'arrêter.

(2) Note de M. l'abbé Dégez, curé de Béalencourt et Maisoncelle. Voici ce que j'ai pu déchiffrer sur la grosse cloche, qui est assez forte :

D'un côté ; les inscriptions couvrent toute la robe de la cloche :

Sous une ligne de draperies :

L'AN 1871

J'AI ETE FONDUE ET BENIE [à MAIS]ONCELLE

J'AI RECU LE NOM DE LAURE MARIE

MON PARRIN A ETE MR ARTHUR CAPPE FILS

MA MARRAINE A ETE M^{ELLE} LAURE BONNIERE

D'ECLIMEUX MR CAPPE MAIRE ET CONSEILLER GENERAL

MR DELPIERRE CURE DE CETTE PAROISSE.

Sur l'autre face, quatre vers, si mal venus à la fonte, que j'ai dû les rétablir à l'aide de ceux qui se lisent sur la cloche d'Hézecques :

ACCO'JREZ ENFANTS DU SEIGNEUR

QU'AUCUN DE VOUS NE SOIT REBELLE

MA VOIX VOUS CONVIE AU BONHEUR

QUE J'ACCORDE (?) AU CHRETIEN FIDELE.

En bas, une Croix entre deux mains (qui devraient être placées au commencement des lignes de l'inscription) et la signature :

DUCROCQ RENE FONDEUR.

La petite cloche, qui n'est qu'une grosse sonnette, porte cette inscription :

EN 1871

FONDU POUR ETRE LA COMPAGNE

DE LAURE MARIE

SOYEZ TOUS FIDELES A NOS VOIX

DUCROCQ RENE FONDEUR.

Avant de devenir fondeur ambulant, René Ducrocq avait été établi à Tournehem,

Dans le cimetière, on remarque de nombreuses sépultures de la famille Cappe, entr'autres : Dominique Nicolas Joseph Cappe, décédé le 12 janvier 1869, âgé de 66 ans 1 mois, 20 ans conseiller général du Pas-de-Calais et 30 ans maire de Maisoncelle ; et son fils Victor Philippe Nicolas Cappe, mort le 1er avril 1888, à 55 ans 4 mois, ancien conseiller général et ancien maire.

II. — VILLAGE

L'ancien manoir de la famille Cappe est très intéressant. Il se compose de deux logis, l'un en briques, du xviie siècle, à étage sur rez-de chaussée, et flanqué d'une belle et haute tourelle octogone, qui contient l'escalier et le colombier. Une niche vide, à cul de lampe et archivolte en briques moulées, se voit au premier étage. Dans la salle, grande cheminée à montants, modillons et cadre du manteau sculptés. L'autre corps de logis, en pierre, sans étage, est couronné d'une corniche à gros modillons, et percé d'une porte dorique à fronton cintré, où se voit en relief la date

170Z

La maison voisine, habitation actuelle de la même famille, date de 1837, mais a conservé une grande porte charretière flanquée de deux pilastres doriques ; l'arcade cintrée est surmontée d'une niche accostée de palmes et autres ornements, et de la date

17   06

---

où il hérita sans doute du matériel de Bécus (mort à Tournehem en 1850) et où il fit un certain nombre de cloches qui, sans être des œuvres d'art, sont bien supérieures au *chaudron* de Maisoncelle.

J'ai retrouvé dans les registres de catholicité le procès-verbal d'un baptême de cloches plus anciennes :

« L'an de grace mil six cens septante neuf, le vingt trois d'octobre, le soubsigné curé de l'église de Maisoncelle a béni trois cloches appartenantes à l'église ; [dont les] parrains et marraines ont esté, à la plus grosse [Mart]in Cappe et Hélaine [Hoqu]est, laquelle ils ont nommée Marie ; à la moienne ont esté Liévin [P]erin et Jenne Perin, qui l'ont nommée Nicole ; et à la plus petite ont esté Pierre Saligo et Louise Cazier, laquelle ont nommée Louise. Le tout en présence du curé de Canlers Antoine Poitevin ». (Il s'intitule curé de Maisoncelle dans l'acte suivant).

NEULETTE

I. — EGLISE SAINT-HUBERT

L'église date, paraît-il, de 1756. Elle s'élève sur un tertre, en face du château. La façade est assez originale, et sa silhouette générale rappelle assez les maisons à pignons des places d'Arras. Un lourd clocher de charpente dépare cet ensemble.

Sur la porte latérale de l'église, un écu gratté et bûché.

Au milieu du dallage de la nef, une grande dalle rectangulaire de grés, fendue en deux dans toute sa longueur, porte en relief, de haut en bas : une croix pattée ; la date MDCCLX ; et un écu penché : à la fasce accompagnée de 3 molettes à 5 pointes, 2 et 1, qui est Le Liepvre (1) ; pas d'ornements extérieurs.

Cette tombe est sans doute celle de Louis Guislain Benoît Le Liepvre, écuyer, sieur de Neulette, mort en 1761, et dernier de son nom. Il était fils de Louis-Bernard et de Marie Isabelle Charlotte Hannedouche, mariés le 27 9ᵇʳᵉ 1694. Il fut admis à siéger aux Etats d'Artois le 13 novembre 1738. Par sa mort, Neulette passa aux Briois d'Angres, ses cousins. (Mss. génealogiques Godin et de Noircarmes).

Dans l'embrasure de la fenêtre nord du chœur, est encastrée une pierre sculptée en relief, mais tellement martelée et badigeonnée qu'on a peine à y retrouver quelque chose. Au milieu, sous les initiales D. O. M., un écu en lozange, à la fasce accompagnée de....., est sommé d'une couronne de baron et encadré de rameaux de laurier. Aux quatre angles, quatre quartiers. Au dessous, six lignes d'inscription dont on ne lit plus que la première :

HIC IACET

C'est aussi, sans doute, une épitaphe de la famille Le Liepvre.

Il y en avait d'autres, jadis, dans cette église. Les procès-verbaux dont la copie va suivre nous donnent quelques détails sur ces monuments disparus.

« L'an mil sept cent soixante-dix neuf & le six du mois de Septembre, à la requête de Pierre-Dominique de Briois, Ecuyer, Seigneur de la Mairie, d'Angre, Nœulette & autres lieux, Chevalier de l'Ordre Royal & Militaire de St Louis, demeurant en son Château audit Nœulette, Nous Guislain Houzel et Louis Edouard Ousselin, Notaires

---

(1) *D'azur à la fasce d'or, accompagnée de 3 molettes à 5 rais du même.*

Royaux de la Province d'Artois de la résidence d'Hesdin, soussignés, Nous nous
sommes transportés dans l'Église dud. Nœulette, où étant, ledit sieur Briois de la
Mairie nous a remis la présente feuille, en tête de laquelle se trouve dessinée une
pierre sépulcrale de feue noble dlle. Izabeau Duval, fille de Nicolas, Ecuyer, sr. du
Natoy, de la Tramerie en Auchel, Député Général & Ordinaire des États d'Artois,
& de noble Damoiselle Izabeau Couronnel, ladite Izabeau Duval ayant épousé, en
premieres nôces, Hugues Briois, Ecuyer, sr. de Poix, quadris-ayeul du requérant ;
& en secondes nôces Jacques le Lièvre, Ecuyer, fils de Jean, aussi Ecuyer, Seigneur
du Carne & de Nœulette, & de noble Damoiselle Marie de Walle, sur laquelle pierre
sépulcrale, que nous avons reconnu être de la pierre de taille, de vingt pouces de haut
sur dix-huit de large, se trouvent gravées & sculptées les armoiries telles qu'elles
sont rapportées et désignées ci-dessus, ainsi que nous l'avons scrupuleusement vérifié,
& se trouvent au bas d'icelle Pierre les mots suivans, *obiit 1646*, désignant l'année
du décès de ladite Duval, suivant ce que nous a pareillement déclaré ledit sieur de la
Mairie, & à l'instant sont comparus Antoine Bailleul & Pierre Latour, tous deux plus
anciens habitans de ce lieu de Nœulette & anciens Marguilliers de la Paroisse dudit
Nœulette, y demeurans, lesquels ont dit & déclaré pardevant nous Notaires susdits,
que la susdite Pierre qui se trouve maintenant dans le Chœur de l'Eglise dudit
Nœulette (rebâtie en l'année mil sept cent cinquante-six), du côté de l'Évangile, se
trouvoit précédemment dans la muraille de la Chapelle des Seigneurs dudit Nœulette,
qui faisoit partie de l'ancienne Eglise, où ils l'avoient vue de tout tems, ce que lesdits
Antoine Bailleul & Pierre Latour ont affirmé en nos mains sincere & véritable, nous
observant, ainsi que nous l'avons également reconnu, que ladite Pierre est très-
ancienne, portant, à la gauche, l'Écusson de ladite Duval, à la droite ceux de ses deux
maris, Briois & le Lièvre. De tout quoi nous avons fait & dressé le présent procès-
verbal pour servir & valoir audit sieur Briois de la Mairie ce qu'en justice appartiendra.
Etc. Étoit signé Briois de la Mairie.

« A. J. Bailleul.

« Et comme Notaires, Ousselin & G. Houzel, avec paraphes ».

Gravure :

Ecú en lozange : parti 1) reparti au 1) Briois, avec la bordure ; au 2) à la fasce
acc. de 3 molettes à 5 pointes ; — 2) au lion et à la bordure engrelée.

Autour, une cordelière. — En dessous on lit : *Obiit 1646.*

« Extrait

« Nous soubsignés Louis-Bernard de le Lievre, Escuier, Sr de Nœulette & autres
lieux, fils héritier resté unique de feu Jacques, aussi Ecuier, sr dudit lieu, Grand-
Bailly & capitaine de Caumont, & de Noble Dame Margueritte-Izabelle Denis, icelui
Jacques fils de Noble homme aussi Jacques, en son vivant Escuier, Sgr. dudit
Nœulette & et du Carne, Mayeur d'Aire, & de Dame Izabeau Duval, Dame de la

Falecque et d'Houlle en partie, & inhumée en l'Eglise Paroissiale dud. Nœulette, dès l'an mil six cent quarante-six, d'une part ; Mᵉ Louis Lambert, Prêtre, Curé d'Esclimeux & dudit Nœulette, Guislain Bailleul, Lieutenant & Fermier dud. Nœulette, Louis Malingre, Jacques Delebé, apresent Maneglier dudit lieu, Pierre Bailleul, tous manans & principaux Paroissiens dudit Nœulette, & représentans la communauté d'icelui, d'autre part ; reconnoissons que comme ledit Seigneur de Nœulette s'est trouvé intentionné à la mémoire d'icelle Dame Duval, son ayeule paternelle & autres ses parens & auteurs, non seulement de faire poser ci-devant, & même renouveller depuis peu certain Tableau & Epitaphe en son Oratoire ou Chapelle dudit lieu & à la décoration de lad. Eglise, mais encore d'y faire célébrer & fonder une basse-Messe à perpétuité, &c. Ainsi fait et passé audit Nœulette, en double, sous les signatures desd. parties, le vingt-deux de Septembre mil sept cent vingt-deux. Signés B. Le Lievre, L. Lambert, Ptre, Guillain Bailleul, Louis Malingre, Pierre Bailleul & Jacques Delbé.

« Collationnée la présente copie à l'un des doubles dudit acte, exhibé & rendu, & trouvée conformes, témoins les Notaires-Royaux d'Artois soussignés. Au Château de Nœulette cejourd'hui six Septembre mil sept cent soixante-dix-neuf. Signé Ousselin, & G. Houzel, avec paraphes » (1).

Un escalier curieux conduit, de l'intérieur de l'église, à la tribune ; il se compose de huit marches de grés, encastrées d'un seul côté dans la muraille, et donnant de l'autre côté sur le vide.

La cloche, très petite, est de 1857 (2).

II. — CIMETIÈRE

Croix de fer portant une plaque de fonte avec l'épitaphe suivante :

ICI

REPOSENT LES CORPS DE

Mᴿ MARIE JOSEPH LOUIS

ADOLPHE CHARLES

DE BRIOIS DÉCÉDÉ AU

---

(1) Mémoire imprimé, pour MM. Briois d'Angres contre M. Briois de Beaumetz, pp. 115-116 des *Preuves.*

(2) En voici l'inscription :

(*Rosette*) JE ME NOMME CHARLOTTE JOSEPHINE J'AI POUR PARRAIN MONSIEUR TELESPHORE JOSEPH VICOMTE LE BAILLY DINGHEM ET POUR MARRAINE MADAME WAUDONNE (*sic* pour : *de* Wandonne) NÉE

CHARLOTTE ALINE DE SARS DE ROMERIES NEULETTE 1857.

En bas : DROUOT FONDEUR A DOUAI.

CHATEAU DE NEULETTE LE
15 JUILLET 1825 A L'AGE
DE 17 ANS & 7 MOIS
DE MME DE BRIOIS
BARONNE D'ANGRE
NÉE MARIE FRANÇOISE
ELISABETH
DE LOUVENCOURT
DÉCÉDÉE AU CHATEAU
DE NEULETTE LE 11 JUIN
1850 A L'AGE DE 78 ANS
DE M^R DE BRIOIS, BARON
D'ANGRE, EX MAJOR
D'INFANTERIE CHEVALIER
DES ORDRES DE S. LOUIS
& DE S. LAZARE, DÉCÉDÉ
AU CHATEAU DE NEULETTE
LE 29 JANVIER 1850 A
L'AGE DE 94 ANS.
PRIEZ DIEU POUR LE
REPOS DE LEURS AMES.

III. — CHATEAU

Le château de M. de Bizemont n'a pas beaucoup de caractère ; on y remarque seulement une tourelle en encorbellement, à l'un des angles de la façade sur la cour, et une tour plus haute, contenant l'escalier, accolée à la façade sur le jardin. De chaque côté de la porte du vestibule est encastrée une pierre portant des armoiries martelées. A gauche, l'écu est de forme française, avec d'abondants lambrequins ; à droite, écusson en lozange dans une couronne de laurier. De part et d'autre, la date est :

1631 (1)

Sur la grange du château, bas-relief très mutilé, du xvi⁰ siècle, provenant sans doute de l'ancienne église, et représentant la chasse de saint Hubert

---

(1) Et non 1611 et 1681, comme le dit à tort le *Dict. Hist. du P.-d.-C., St-Pol*, II, p. 338.

(patron de la paroisse) (1), sous un arc en plein cintre redenté, dans un cadre rectangulaire ; le saint agenouillé, le chien, le domestique et la tête du cheval sont encore visibles, ainsi que des branches d'arbre. Le cerf a complètement disparu.

Dans le salon, je note plusieurs portraits :

1° Inconnu, à mi-corps ; vieillard à perruque blanche, rabat de dentelles, manteau d'hermines, bonnet carré à rebords ; auprès de lui, sur une table, couronne royale fermée. Ecu *écartelé : 1 et 4, de gueules à la croix d'argent ; 2 et 3, d'argent à 3 fleurs de lys au pied nourri de gueules.* Couronne royale fermée. L'écusson semble mis après coup. La peinture est bonne.

2° Un évêque, à mi-corps, à dextre ; mitre, crosse, chape, d'une forme qui accuse le xviiie siècle avancé. On donne ce portrait pour celui de Jean de Rely, évêque d'Angers (+ 1498). Ecu : *d'or (ou d'argent ?) au chevron d'azur ; chef du même, à l'étoile d'or, accompagné de 2 bezans du même.* Timbré d'une mitre et d'une crosse. Médiocre toile.

3° « *Lamoral L^s B^{oit} Le Ricque, écuyer, sgr de Marquay, mayeur de la ville de Béthune le 20. 9bre 1773* ». — Habit civil très riche. Ecu *d'argent au chevron de gueules chargé de 3 roses d'argent.* Très bon portrait ainsi que le suivant.

4° « *Marie Henriette de Briois, mariée à Lamoral L^{is} B^{oit} Le Ricque, écuyer, sgr de Marquay* ». — Fanchon sur les cheveux ; fichu noir, robe légère, rayée de bleu et de blanc ; éventail à la main. Ecu de Briois : *de gueules à 3 gerbes d'or liées de même, à la bordure d'or chargée de 3 tourteaux de gueules.*

5° Mr de Briois de Ruitz. — Uniforme blanc à épaulettes et brandebourgs (?) d'or ; croix de Saint-Louis. Armes de Briois (sans bordure). — C'est Jean-Baptiste-François-Xavier Briois, écuyer, sgr de Ruitz, fils de Pierre Dominique et de Marie Françoise Josèphe Le Vasseur de Bambecque ; né le 24 juin 1759, capitaine au Régiment de Bresse infanterie, chevalier de Saint-Louis, mort à Béthune le 23 X^{bre} 1828, marié en octobre 1801 à Pélagie Lucie Josèphe Lefebvre-Delattre.

6° Mr de Briois d'Angre. — Profil, xixe siècle, habit civil ; croix de Saint-Louis et de la Légion d'honneur (2). Armes de Briois, sans la bordure. Ces deux portraits sont assez bons.

---

(1) Voir, sur le culte de St Hubert à Neulette, le même *Dictionnaire*, ibid.

(2) *Sic.* Selon son épitaphe, il était chevalier de St-Louis et *de St-Lazare.*

IV. — VILLAGE

Dans le fond de Neulette, sur la route de Montreuil à Mézières, se trouve un pont de grés dont les deux cintres, amont et aval, portent en relief la date

1747

et un cœur (1).

Dans la traversée du village, se voit encore une borne de grés marquée du chiffre 2 ; c'est la seconde lieue depuis Hesdin. Elle est placée juste en face de la huitième borne kilométrique actuelle. Il en existe une autre sur la même route, à la sortie de Marconne vers Le Parcq.

NOYELLES-LEZ-HUMIÈRES

Rien à noter.

L'église, dédiée à saint Martin, n'a aucun caractère. Sur le pignon ouest, qui n'a ni porte ni fenêtre, un graffite porte une date et un nom :

1733

DVFLOS. (2)

LE PARCQ

I. — ÉGLISE SAINT-NICOLAS

Le chœur est l'ancienne chapelle castrale de Saint-Louis, du parc des ducs de Bourgogne ; il comprend trois nefs rectangulaires, de la dernière période

---

(1) Signalé par M. E. Edmont.

(2) La cloche, nous dit le Questionnaire Cardevacque, a eu pour parrain Célestin Dusaussoy, pour marraine Sophie Mahieu. On n'indique pas la date, mais je trouve au cimetière le monument de la famille Dusaussoy-Mahieu, où figure notamment Célestin-Joseph Dusaussoy, mort en 1878 à 84 ans. Ce doit être le parrain de la cloche, qui dès lors est certainement récente.

9

gothique. La nef, de la même largeur que le chœur, forme un seul vaisseau, sans caractère, ajouté au XVIIᵉ siècle. La tour, en avant-corps, porte la date :

1666 (1)

A la voûte du chœur, une clef pendante portait des armoiries aujourd'hui bûchées.

Une pierre tombale bleue, tout effacée, est sous le petit portail. Un carreau de pierre grise dure est encastré dans l'ébrasement extérieur de la première fenêtre sud ; en voici l'inscription, disposée en lozange :

ICY

GIST LE

CORPS DE

MARTIN LOYSEL

VEUFUE DE MARIE COPERY

ANCIEN BOURGEOIS DE

LA VILLE D'HESDIN LEQUEL

EST DECEDÉ AGÉ DE 84 (2) ANˢ

LE 12 7BRE DE L'AN 1728 (2)

REQUIESCAT IN PACE

AMEN

Une autre pierre, aujourd'hui disparue, portait l'épitaphe suivante :

ICI REPOSE LE CORPS DE

MARIE (3) MARTIN LOYSEL

PRETRE CURÉ DE CETTE EGLISE

ET DOYEN DU DISTRICT D'HESDIN

LEQUEL APRES AVOIR EXERCÉ PENDANT

42 ANS AVEC UN ZELE INFATIGABLE

LES FONCTIONS D'UN VERITABLE PASTEUR

EST MORT CE 8 DECEMBRE 1754 AGÉ DE 71 ANS

PRIEZ DIEU POUR LE REPOS DE SON AME. (4)

---

(1) Elle fut donc restaurée après les ravages de Fargues (1657). — Sur le plan-perspective du siège d'Hesdin en 1639, l'église du Parcq présente déjà à peu près sa silhouette actuelle : chœur élevé, nef plus basse et tour en avant corps, dont l'étage supérieur, en retrait sur le bas, était surmonté d'une flèche.

(2) 8 à boucle supérieure aplatie.

(3) N'est-ce pas *Maître* ?

(4) Note de M. de Cardevacque.

La cloche date de 1850 (1).

II. — VILLAGE

L'ancien parc des comtes d'Hesdin et des ducs de Bourgogne, arrenti et
défriché sous Philippe II, en 1587, érigé en paroisse en 1588, est devenu
un village et un très-modeste chef-lieu de canton. De son passé, il garde
seulement le chœur de son église et des restes, encore très faciles à suivre,
de la grande muraille qui renfermait le vaste enclos où s'ébattaient les chas-
ses de Philippe-le-Bon ; cette muraille ferme encore le territoire actuel de la
commune, territoire d'une étendue inaccoutumée.

Le château d'Estruval (à M. Le Gentil) montre encore sa belle avenue
d'arbres séculaires, mais le corps de logis actuel date du xixe siècle ; les dates
des grilles et des girouettes, 1804, 1823, 1826, ne remontent qu'au temps de
M. Térouanne, acquéreur national ; aucun souvenir des Salperwick ne se
retrouve sur leur ancien domaine, même dans les bâtiments des communs et
les deux pavillons de l'entrée, évidemment antérieurs à la Révolution.

Au Bas-Parcq, une brasserie montre sur sa façade une statue de saint
Arnould, évêque, dans une niche sommée d'une couronne royale fermée et
accompagnée de la date 1816.

---

(1) ✠ L'AN 1850 JAI ETE NOMMEE NATALIE FRANÇOISE THEOPHILE
   ✠ PAR M. FRANÇOIS J. THEOPHILE DEMAGNY JUGE DE PAIX
   ✠ ET DAME NATALIE DEVIENNE EPOUSE DE M. CHARLES
   ✠ EMILE VIOLLETTE MAIRE DU PARCQ.

De l'autre côté, on lit :

   ✠ JAI ETE BENITE PAR M. FLORENTIN ELOI DELAHAYE
   ✠ CURE DUDIT LIEU.
En bas : GORLIER FONDEUR A FREVENT.

En bas : le Christ en Croix, entre la Vierge-Mère et un évêque.
Diamètre : 1[m]12.

LE QUESNOY

I. — EGLISE SAINT-WAAST

Sous la tour (1), à l'intérieur, dans le mur de gauche, une pierre porte la date des travaux de triangulation, pour lesquels ce clocher, très élevé, a servi de point de repère (2) :

1826
△

A l'extérieur, mur nord de la nef, sur la corniche, au-dessus de la deuxième fenêtre (milieu) :

ANNO DOMINI ★ 1752.

C'est la date de la nef, dont les fenêtres étaient naguère en plein cintre, et ont été transformées en tiers point.

Graffite sur le chœur, dans l'embrasure d'un ancien portail muré :

LOUIS DUQUESNOY
D'HERQUIÈRE 1774.

La cloche a été refondue plusieurs fois, notamment en 1726, 1780, 1859 et 1905 (3).

---

(1) Cette tour date de 1746 ; au milieu du registre de catholicité de cette année, est écrite en lettres romaines la mention qui suit : « La première pierre a été posée à la tour de l'Eglise du Quesnoy, le 29 avril 1746 ». (Note de M. Gossin).

(2) « La commune..... étant située sur un point culminant, son clocher est choisi pour l'établissement d'un observatoire destiné aux opérations de triangulation relatives à la confection ou à la réfection du cadastre. Il a servi en 1826, ainsi que le témoigne une pierre scellée à l'intérieur, à gauche de la porte d'entrée ; il servira encore en 1899 et 1900 pour les opérations géodésiques qui vont être entreprises prochainement en vue de la réfection du cadastre du département de la Somme » (Questionnaire Cardevacque).

(3) « L'an 1726, le 12 juillet, la cloche du Quesnoy a été fondue, et le 24 du même mois elle a été bénie. Elle pèse 500 livres » (Reg. de catholicité).

« En 1780, trois cloches commandées par les marguilliers furent fondues par les sieurs Drouot et Garnier, de Lorraine.

En 1780, on en avait même fondu trois, dont la plus grosse, cassée et refondue en 1859, portait l'inscription suivante :

L'AN 1780 A ETE BENITE PAR MAITRE NICOLAS MARIE LEBEL PRETRE ET CURE DE CE LIEU ET NOMMEE MARIE F^{COISE} PAR F^{COIS} GAFFET ET PAR MARIE JOSEPHE MASSE SON EPOUSE NOUS APPARTENONS A L'EGLISE DU QUESNOY LES HESDIN ET NOUS AVONS ETE FAITE AVEC SOLLICITATION (*sic*) DU SIEUR JEAN GRENIER MARGUILLIER ANDRE MONBORGNE LOUIS LECONTE ET GUISLAIN JOSEPH WATISSET PAR VILLOTTE GARNIER ET DROUOT.

II. — CIMETIÈRE

Dans le cimetière, est un grand chapiteau du XIIIe siècle, à larges feuilles, renversé et servant de base à un monument funéraire ; il devait avoir des crochets qui ont été abattus. On l'a trouvé, paraît-il, dans le bois du Watelet.

« La première pesait 1200 livres, la seconde 900 et la troisième 660 ; elles furent bénites par maître Nicolas Marie Lebel, curé du Quesnoy, le 7 novembre 1780.

« Les deux plus petites furent fondues pendant la Révolution » (Notes de M. Gossin, à qui je dois également le texte de l'inscription ci-dessus).

Le 12 mai 1859, marché passé par le maire du Quesnoy avec « Charles Druot (*sic*), fondeur de cloches, demeurant à Douai » : « fournir à la commune de Lequesnoy une cloche neuve, de même poids environ que celle qui existe présentement à la tour », livrable à Saint-Pol et garantie deux ans. Ladite cloche fondue à Sin-le-Noble, par les frères Paul et Charles-Clément Drouot ; poids : 615 kilos (J. Berthelé, *Mélanges*, p. 440).

Voici l'inscription de cette cloche (d'après le questionnaire Cardevacque) :

JE ME NOMME MARIE AUGUSTINE EUGENIE MON PARRAIN FUT MR AUGUSTE DE CANTEL, OFF^R SUPERIEUR DE CAVALERIE

CH^R DE S^T LOUIS DE LA LEGION D'HONNEUR DE S^T FERDINAND D'ESPAGNE ET DECORE DE LA MEDAILLE DE S^T HELENE MAIRE DE

LE QUESNOY MA MARRAINE FUT MME EUGENIE GOSSIN NEE DE CANTEL M^R CYR DELANOY CURE DOYEN DE FILLIEVRES AUGUSTE

BLANCHANT CURE MR GOSSIN PRESIDENT DE LA FABRIQUE MR JOSEPH GRENIER TRESORIER DU MEME CONSEIL 1859.

« Nota. — Cette inscription composée de quatre lignes (comme ci-dessus) ne présente aucun signe de ponctuation ; elle est placée vers le haut de la cloche. Au bas de la cloche, on remarque : 1° en avant, la marque du fondeur reproduite ci-dessous ;

Enclos funéraire des anciens seigneurs :

Marbre noir; buste de la Vierge incrusté, en marbre blanc, de profil à gauche :

VIRGO POTENS ORA PRO EO

✠

A LA MÉMOIRE

DE GABRIEL GEORGES GOSSIN

CHEF DE BATAILLON

AU 20E RÉGIMENT D'INFANTERIE LÉGÈRE

NÉ A BAR-LE-DUC LE 1ER DÉCEMBRE 1787

DÉCÉDÉ A DOUAI LE 18 MAI 1832

(Croix de Saint-Louis et de la Légion d'honneur)

MONUMENT DE LA DOULEUR COMMUNE

DES FRÈRES DU COMMANDANT GOSSIN

ET DE MM. LES OFFICIERS DU 20E LÉGER

QUÆ EST EXPECTATIO SUA ? NONNE DOMINUS ?

2° en arrière, un crucifix ; 3° à droite, l'image de la Sainte Vierge portant l'Enfant Jésus ; 4° à gauche, la statue de saint Vaast, patron de la paroisse (le tout en relief) ».

P. DROUOT

FG NTRE DME DOUAI (NORD).

Cette cloche, fêlée, a été refondue en 1905 ; elle pèse 1027 kilog. et mesure 1ᵐ19 de diamètre. En voici l'inscription, relevée par M. Ch. de La Charie :

(Guirlande de roses)

J'AI NOM MADELEINE GABRIELLE RENEE J'AI ETE BENITE EN 1905 DANS L'EGLISE DE LEQUESNOY

J'AI EU POUR PARRAIN MONSIEUR PIERRE GOSSIN MAIRE DE LEQUESNOY ET POUR MARRAINE MADAME LA BARONNE MADELEINE DU PASSAGE.

MONSIEUR FLEURY PATOU ETANT CURE DE LA PAROISSE

LE CONSEIL DE FABRIQUE ETANT COMPOSE DE MESSIEURS : THEOPHILE CARPENTIER, JEREMIE LAVERDURE, LE BARON EUGENE DU PASSAGE, MICHEL MASSE, JEAN BAPTISTE LAVÉ.

En dessous de l'inscription, guirlande de feuilles d'acanthe.

Médaillons de N.-D. de Lourdes, du Crucifix et de saint Jacques (par erreur, au lieu de saint Waast).

Dans un cartouche :

ANCIENNE MAISON DROUOT

FONDERIE C. WAUTHY

A

DOUAI

En bas, bordure grecque.

Auprès, croix de fer avec épitaphes, de :

D^lle Marie Mathurine de Cantel, ✝ au château de Lequesnoy (*sic*) le 11. 7bre 1838, 55 ans ;

Dame Marie Cécile Bernardine Frévier, veuve de M. de Vadicourt, décédée à Lequesnoy (*sic*), 14. 9bre 1840 ;

Louis de Vadicourt, officier au Régiment de Chartres Dragons, chevalier de Saint-Louis, ✝ 1836 (celle-ci est tout effacée).

Tombes plates de :

Pèdre Gossin, ✝ au château du Quesnoy, 13 mai 1863 ;

Mr de Cantel, officier supérieur de cavalerie, chevalier de Saint-Louis, de la Légion d'honneur et de Saint-Ferdinand, ✝ au château du Quesnoy le 20. 7bre 1871, dans sa 84e année ;

Mme de Cantel, née Adélaïde de Vadicourt, ✝ au château de Le Quesnoy, 17 juin 1865 ;

Dame Maurice du Passage, née Marie Louise Gabrielle Gossin, ✝ dans sa 22e année, au château du Quesnoy, le 7 février 1875 ;

Dame Gossin, née Eugénie Augusta de Cantel, ✝ au château du Quesnoy le 13 janvier 1887, dans sa 64e année ;

Marie Augusta de Cantel, ✝ au château du Quesnoy le 6 février 1893, dans sa 74e année (1).

---

(1) La seigneurie du Quesnoy appartint longtemps aux d'Aumale, depuis Méry ou Emery d'Aumale, écuyer, seig^r d'Herselines, etc., mort en 1425, allié à Jeanne d'Epagny, dame du Quesnoy-lez-Hesdin, fille et héritière de Baudouin. Charles d'Aumale et Eléonore Henriette de Saint-Juste, sa femme, vendirent cette terre à François Bernard Dupuich, sieur de Lambersart et de Cantigny, lieut.-général au baillage d'Hesdin, le 11 mars 1678.

F. B. Dupuich avait épousé Marie Françoise Duflos (contrat du 6 avril 1673), qui mourut à Hesdin le 14 août 1724, âgée de 80 ans, et fut inhumée dans l'église du Quesnoy. Ils avaient eu plusieurs enfants : 1° Eustache François Dupuich, écuyer, sg^r du Quesnoy, lieut^t g^al du baillage d'Hesdin et subdélégué, mort le 4 mars 1742 et inhumé « dans l'église dud. Quesnoy, dans le tombeau de ses père et mère » ; 2° Bernard Joseph, écuyer, sgr de Cantigny, puis du Quesnoy, mort à Hesdin le 25 avril 1743 et inhumé comme son frère « dans le tombeau de ses ancêtres » ; 3° François Bernard, écuyer, sgr du Quesnoy, Cantigny, Rembaucourt, Brévilliers, Brailly, commandant le second bataillon du rég^t de Lorraine, mort le 3 février 1748 et inhumé dans l'église d'Hesdin.

Par la mort sans enfants de ces trois frères, Le Quesnoy revenait à leurs cousins germains, Oudart François Sorel, prêtre de l'Oratoire, et Marie Françoise Sorel,

III. — CHATEAU

Le château, appartenant à M. Pierre Gossin, porte, en ancres, la date

1760

Il n'offre d'intéressant qu'une grande cave du xiii⁰ siècle, que je regrette de ne pouvoir décrire ici.

La maison Fromentin, en face de l'église, a un sommier daté de :

1718

ROLLANCOURT

I. — EGLISE SAINT-RIQUIER

Eglise remarquable et très riche en documents épigraphiques. La nef est du xviii⁰ siècle, sauf la première travée à l'ouest, qui est du xv⁰ ou xvi⁰, comme le chœur et les chapelles latérales. Le chœur est d'une belle architecture flamboyante. Une tour s'élève à l'occident.

---

enfants d'Antoine Sorel, sʳ des Granges, avocat du Roi à Hesdin, et de Catherine Norberte du Puich, sœur de François Bernard.

Marie Françoise avait épousé le 2 septembre 1735 Hugues Paul Joseph de Corbehem, fils d'Eloy, sʳ du Grand-Anvin, et de Marie Cath. de Poix, mort 1738, dont :

1⁰ Marie Joseph Françoise de Corbehem, dame du Quesnoy, Brailly, Erembeaucourt et Brévilliers, mariée le 24 juillet 1753 à Jean Louis Rose de Versigny, sʳ du Châtel ; sans enfants.

2⁰ Marie Agnès de Corbehem, dame de Cantigny, mariée le 29 déc. 1764 à Omer Bertin Frévier, échevin de Saint-Omer ; dont :

Marie Cécile Bernardine Frévier (née 1766, morte 1840), mariée à Hesdin le 13 octobre 1789 à Marie Louis Antoine Laurent de Vadicourt, officier aux Dragons de Chartres.

Leur fille, Adélaïde de Vadicourt, morte au Quesnoy en 1865, avait épousé M. Auguste de Cantel, vicomte de La Mauduite ; d'où Eugénie de Cantel, alliée à Pèdre Gossin ; d'où Pierre Gossin et Mᵐᵉ du Passage, mère du baron Eugène du Passage.

(Note de MM. P. Gossin et A. de Puisieux).

Sur le pignon de la chapelle sud se voit un cadran solaire, les heures marquées en chiffres arabes, mais sans date.

La nef est couverte d'un berceau cintré en planches ; sur la sablière, du côté nord, on lit :

IE FVT REDIFIES EN 1766.

Le chœur a une belle voûte en étoile, dont les clefs sont pour la plupart ornées de feuillages ; cependant le grand pendentif au-dessus de l'autel porte un écusson peint : écartelé 1) d'azur au lion d'or ; 2) d'or au lion de gueules ; 3) de gueules à la fasce d'or ; 4) de gueules à 2 léopards d'or ; sur le tout, écusson qui semble écartelé : 1 et 4) de gueules à la bande d'or ; 2 et 3) d'or plein ; couronne indécise ; collier (de la Toison d'or ?).

Comment expliquer cet écu ? Rollancourt, du xive au xvie siècle, n'a appartenu qu'aux Châtillon et aux Lannoy (1), puis aux d'Egmont et aux Nassau entre 1550 et 1606. De toutes ces familles, seule celle de Nassau porte un lion (couronné) d'or sur champ d'azur, mais le champ est billeté. Cependant, faute de meilleure attribution, c'est à Guillaume de Nassau, marié vers 1550 à la fille aînée de Maximilien de Buren, comte d'Egmont, que je donnerais cet écu.

Dans la chapelle du sud, on remarque dans le dallage une magnifique pierre tombale gravée au trait, du xiiie ou commencement du xive siècle, mesurant environ 2 mètres de long sur 1 mètre de large. L'effigie est d'une jeune femme, les mains jointes, vêtue d'un manteau d'hermines sur une robe à longs plis ;

---

(1) Cf. Leuridan, *Epigraphie du Nord*, t. III, p. 946. Eglise de Lannoy. — Au chœur : tombe élevée de trois pieds ; trois personnages couchés ; armes en cuivre. — Ecussons : Lannoy ; Ghistelles ; Chastillon ; Saveuse ; — Lannoy ; Croy ; Ligne ; Abbeville.

Icy gist Messire Phles de Lannoy, en son vivant seigr de Santes, baron de Rollaincourt, conseiller et chambellan de l'Empereur nostre sire, chlr de l'ordre du Toison d'or, gouverneur des ville, cité et château de Tournay et du Tournésis, qui trespassa le XIIII d'octobre 1535.

Auprès de luy gist Bonne de Lannoy, héritière dudit Lannoy, dame de Sebourg, son espeuse, qui trespassa le XXII aporil 1543 ; et aussi Messire Hughes de Lannoy, chlr, sgr de Wahagnies et de Tronchiennes, fils unicque desdits seigneur et dame, qui trespassa le XX jour d'avril, veille de Paques XV^CXXVII. Priez Dieu pour leurs ames.

(Paris 24.020. — Lille 609. — Douai 966 et 968. — Le Glay).

10

un voile entoure la tête ; les traits du visage sont un peu effacés ; le reste est admirable de conservation. La gisante est sous une arcade trilobée, en tiers-point, terminée par un acrotère à contrecourbe, et reposant sur deux colonnettes à chapiteaux à crochets simples. Des pinacles, des arcatures et des fenestrages à trèfles dans les tympans, enfin un toit en écailles surmontent le tout. Sur l'arc trilobé se lit l'inscription (1) :

CI GIST · MEDAME · HELVIS · DE · FRAISNOI (2) · PRIIES · POVR · SAME.

La pierre est bleue ; c'est une dalle de stinkal plutôt que de Tournay (3).

---

(1) Mêmes caractères que la dalle de Campigneulles de 1275 (*Canton de Montreuil,* planche VII).

(2) Et non de *Troispois !* (*Dict. hist. P.-d.-C.*, *Saint-Pol*, II. p. 348). M. Jules Lion avait correctement transcrit l'inscription ; c'est une faute de copiste ou de prote qui a causé cette erreur.

(3) Il faut rapprocher de cette belle dalle une autre pierre funéraire du même temps et du même genre, qui intéresse Rollancourt et qui peut-être en provient (ou de quelque monastère voisin ?).

« Sur le perron du château [d'Arry, près Rue], gît une belle et grande dalle de pierre grise très dure du commencement du xive siècle, encore bien conservée malgré le périlleux emplacement où elle se trouve....

« L'effigie en pied, au trait, est celle d'une dame de qualité, les mains jointes sur la poitrine, la tête entièrement entourée d'un voile et d'une guimpe, vêtue d'un manteau à longs plis ; elle est abritée sous une grande arcade gothique, à crossettes et fleuron terminal, accostée de deux petits pinacles et de deux anges thuriféraires debout dans les écoinçons. En haut, deux écus semblables entre eux : *de.... au chef bordé et engrelé de.....*

« L'inscription se déroule sur l'arcade et se continue en descendant sur le pied-droit de droite ; elle est conçue en belles capitales gothiques :

CHI GIST ME DAME..... DE ROLLECOVRT · PRIIES

« Le nom de famille est certainement Rollencourt (village entre Hesdin et Saint-Pol). Le prénom est effacé, ce qui est bien regrettable, car il serait intéressant de savoir si nous sommes en présence de la tombe de *Marie,* dame héritière de Rollencourt, qui, [avant 1320], épousa Jean de Châtillon, seigneur de Dampierre et fils du comte de Saint-Pol (a).

« Cette pierre..... a été apportée à Arry par M. Pingré de Guimicourt, ancien propriétaire du château.

(a) Il y a vingt ans, ce prénom était encore lisible ; M. de Calonne l'a déchiffré alors, mais il n'en a pas pris note malheureusement.

On ne sait absolument rien de Helvis de Fresnoy, ni de sa famille, qui, évidemment, possédait la seigneurie du village de Fresnoy, voisin de Rollencourt ; elle n'a rien de commun avec les Fresnoy *à la croix ancrée*, du Boulonnais, ni avec les Fresnoy *au sautoir*, de Picardie.

« Selon Demay, Baudouin, sire de Rollencourt, écuyer, en 1295, porte *un chef, à la bordure* (b). Robert, sire de Rollencourt, chevalier, en 1308 et 1311, a un sceau équestre, où le bouclier, l'ailette et la housse portent *trois maillets* ; mais le contre-scel est chargé d'un écu portant *un chef à la bordure* (c). Avisse, femme du même Robert, est représentée debout sur son sceau, accompagnée de deux écus, l'un portant *trois maillets*, l'autre (ses armes personnelles) un orle de merlettes (d).

« Les auteurs semblent jusqu'ici n'avoir connu, comme armes de la maison de Rollencourt, que l'écu aux trois maillets (e). Mais les sceaux dont la description précède prouvent bien péremptoirement que cette famille portait indifféremment soit ce dernier blason, soit l'écu au chef bordé, qui figure deux fois sur la pierre tombale d'Arry ». (R. R., *la Picardie historique et monumentale*, t. III, p. 215).

(b) Sceau rond, de 35 m/m. — † S'BAVDVIN DE ROLLAINCOVRT. — Cession d'un fief enclos dans le parc du comte d'Artois, à Hesdin, septembre 1295. Arch. du Pas-de-Calais (Demay, *Sceaux de l'Artois*, n° 594).

(c) Sceau rond, de 55 (alias 52) m/m. — † S'ROBERT DE ROLLAINCOVRT CH'R. — Acquisition, par Thierry d'Hirson, d'un fief à la Carnoye, 27 novembre 1311 (Ibid. n° 595). — Amortissement de vignes à Merlemont, août 1308, hôpital de Beauvais (Id., *Sceaux de la Picardie*, n° 591).

(d) Sceau elliptique de 60 m/m. — ....E DE SOVME ....ME DE ROLAI.... — août 1308, même pièce (Ibid. n° 592).

(e) « La famille de Rollaincourt, qui paraît être une branche de celle de Mailly, portait, au dire d'André du Chesne (*Histoire de la Maison de Chastillon*, p. 379), *d'argent à 3 maillets de gueules*. La pancarte de 1640 au château de La Roche-Mailly dit : *Roullencourt* porte *de sable à trois maillets de gueules* » (Abbé Ledru, *Histoire de la Maison de Mailly*, t. I, p. 78, note 1).

Le 1er décembre 1314, Gilles, sire de Mailly, scelle la ligue des nobles de Vermandois, Beauvaisis, Artois Ponthieu et Corbie, contre le Roi. Il dut emprunter le sceau de Robert de Rollaincourt, mais scella de son propre contre-sceau : « Le sceau de Robert de Rollaincourt représente : un seigneur à cheval tenant de la main droite une épée retenue par une chaîne et ayant au bras gauche un bouclier ou targe chargé de trois maillets ainsi que l'ailette. Le cheval est couvert d'une housse semée de maillets. Légende : S.RO..... DE ROLLAINCO.... — Contre-sceau : dans un encadrement trilobé, écu portant trois maillets. Légende : † BVLETE GILLON SIRE DE MALGI CHEVAL'. » (Ledru, ibid., avec dessins).

« La dernière descendante des seigneurs de Rollencourt, Marie, porta cette terre en 1362 à son époux Jean de Châtillon, second fils de *Gaucher V et de Marguerite de Flandre, et seigneur de Dampierre* » (C'° G. de Hauteclocque, *Dict. hist. et archéol. du Pas-de-Calais, Saint-Pol*, t. II, p. 343). La date de 1362 est celle de la mort de Jean de Châtillon et non celle du mariage, antérieur de plus de quarante ans.

Un grand sceau de 1439 (*le seel de le baillie de Rollancourt*), qui se trouve au chartrier de Bucamp, porte, au milieu, un grand écu écartelé de Châtillon et de..... (effacé) ; et, dans les écoinçons, deux petits écussons *à trois maillets*.

Ajouter encore ici les notes suivantes :

« ROLLENCOURT. — *Robiers, sires de Rollaincourt*, 1321 : type équestre, petit module ; le bouclier, l'ailette et la housse *à trois maillets*. Ornement du chanfrein : un éventail. Cimier cassé (s'il y en a eu un ?). Légende : S. Ro.... t de Rollainc..... (Tournai, Chartrier).

« *Marie, demisiele de Rollaincourt,.... chiere compagne de Jehan de Chastellon* (Châtillon), *escuyer, sire de Dompiere* (Dampierre) (fils de noble homme Monseigneur Gauchier de Ch.), 1321 : dans le champ du sceau ogival, dame debout, tenant sur la main droite un faucon, et de chaque main, suspendu à un cordon, un écu : A, trois pals de vair ; au chef chargé de deux lions léopardés affrontés ; B, *trois maillets*. Légende : .....r.....damoiselle de Ro...ncovr » (de Raadt, *Sceaux des Pays-Bas*, t. III, p. 264).

« Rollancourt, en Artois, porte *d'azur à trois jumelles d'argent*, et depuis *d'argent à trois maillets de gueules* » (E. de Rosny, *Recherches généalogiques*, t. III, p. 1267).

Dans la même chapelle, une autre pierre bleue, d'un grain moins fin, est entièrement effacée, ou peut-être retournée.

Dans le croisillon nord, une très petite dalle de pierre de Tournay (0ᵐ80 de long environ), un peu en relief, très endommagée, recouvre les restes d'un Châtillon-Saint-Pol du xvᵉ siècle. La tête du gisant repose sur un coussin ; les cheveux et les oreilles sont visibles, mais le visage, incrusté en marbre ou en cuivre, a disparu, ainsi que les mains qui étaient croisées sur la poitrine. Le corps est presque entièrement effacé, le costume peu appréciable. De l'épitaphe, circonscrite aux quatre angles par des quatrefeuilles, contenant les symboles des Evangélistes, on ne peut plus lire que le commencement de la ligne du haut :

Chy gift philipe de chat.....

Et la fin de la ligne de droite :

..... Iacon beaunal......

Ce qui suffit à nous apprendre que le tombeau est celui de Philippe de Châtillon, seigneur de [Rol]lancourt et de Beauval, ou fils du seigneur desdits lieux, ce qui est plus probable, vu les petites dimensions de la pierre (1).

Philippe de Châtillon n'est pas cité dans les généalogies. C'est sans doute un fils, mort jeune, de Jacques dont il va être question, et un frère de Walleran qui suit également.

« Il y avait autrefois dans cette église, une chapelle dite de *Donvetz* et un monument en marbre..... On y voyait un Châtillon représenté couché et expirant des suites des blessures reçues à la bataille d'Azincourt. Cette œuvre de sculpture, du reste très simple, fut détruite sous la Révolution » (2). Le Châtillon tué à Azincourt est Jacques, amiral de France, conseiller et chambellan du Roi, seigneur de Dampierre, Sompuis, Rollancourt, etc. (3).

Son second fils Walleran de Châtillon fut enterré en l'église de Rollancourt, sous la chapelle de droite, dans un caveau divisé en deux parties, qui s'ouvre sous l'autel de la Vierge et contient les restes des Lannoy, des Marnix, etc.

---

(1) Cette tombe a été signalée par M. Jules Lion à la Société des Antiquaires de la Morinie (lettre du 27 avril 1905).

(2) Cᵗᵉ de Hauteclocque, *Dict.* cit., p. 348. M. l'abbé Vivier dit qu' « on voyait encore, il n'y a pas plus de cinquante ans, une pierre placée dans les champs qui indiquait l'endroit où il fut frappé à mort ».

(3) Même *Dictionnaire*, p. 343. — P. Anselme, t. VI, p. 112.

L'épitaphe existe encore, paraît-il, dans le caveau ; j'en ai vu plusieurs
copies ; voici celle de M. de Calonne :

> *Ci gist noble homme*
> *Walleran de Chatillon*
> *seigneur de Dampierre*
> *de Sompuis de Rollancourt*
> *et de Beauval qui trespassa*
> *le 13ᵐᵉ jour du mois d'octobre*
> *l'an 1473 (1).*

Le bénitier de grés piqué, placé au bas de la nef, du côté sud, porte cette
inscription, en relief, sur une plaque de grés posée verticalement au-dessus de
la vasque :

ANTHOÏE · DE · BRIOIS

R. DE CEST   BARONÏE
A DONE   CE BEÏTOIR

L'écu porte les trois gerbes de blé et la bordure des armes de Briois. *R* doit
signifier *receveur*. Ce Briois devait être de la famille, dite à *la botte de seigle*,
qui a possédé plus tard la terre de Beaumetz-les-Loges.

---

(1) La lecture de M. de Hauteclocque (*Dict.*, p. 344) et celle de l'abbé Vivier
(registre de paroisse) sont à peu près concordantes avec la précédente :

1° « *Ci gist noble homme Wallerand de Chastillon, seigneur de Dampierre, de
Sompuis, de Rollencourt et de Bauval, qui trespassa le 13ᵉ jour du mois d'octobre
1473* ».

2° « *Ci git noble homme Waleran de Chatillon, seigneur de Dampierre, de
Sompries*

« *de Rollancourt et de..... qui trépassa le 13ᵉ jour d'octobre l'an 1473* ».

Dans le Questionnaire Cardevacque, version assez différente :

« *Ci gist..... homme Walleran de Chatillon, baron de cette seignerie, de
Sompris et Rollancourt, décédé à Azincourt le 15ᵉ jour d'octobre 1472* ».

Cette dernière leçon doit être erronée.

Sur la vasque même, on lit en creux :

1603 (1)

ANTHOIE DE BRIOIS

Et en relief :

I H S

et les trois clous de la Passion, appointés :

A côté de ce bénitier, on croit distinguer sous le badigeon un reste de litre : écusson et cordelière (?).

Au milieu du pavé de la nef, devant l'arc triomphal, dalle de marbre blanc encadrée de pierre bleue :

D. O. M.

ICY REPOSE

LE CORPS DE M.

JEAN DUCAMP   (ou Ducamps ?)

VIVANT PBRE CURÉ DE

CETTE PAROISSE ET DE

CELLE DE BEALENCOURT

SECOURS DICELLE

DECEDE LE 18

JUILLET 1742 AGE

DE 51 ANS (2).

Sur une banderole ·   REQUIESCAT IN PACE

(*Tête de mort*).

Dans le mur extérieur de la nef, sous la deuxième fenêtre au sud, carreau gris en lozange (3) :

---

(1) 3 à boucle supérieure aplatie.

(2) Les dates, illisibles, ont été restituées d'après les registres de catholicité analysés par M. l'abbé Vivier.

(3) Mélange de l's et de l'f.

cy
deuant
repose jean
lefebvre prez
de luy oudart son
pere et sa mere dorothé
devienne fa femme joseph
et jean fes fils il at fondé
quatre obits à perpetuité
& trepafsa le 26 de
juillet 1729
reqviefcant
in pace

✕

Une pierre bleue, entièrement usée, est au seuil du portail sud ; une autre sous la tour (1).

---

(1) J'emprunte aux notes de M. l'abbé Vivier, d'après les registres de catholicité, la liste des personnes inhumées dans l'église :

Famille de Marnix :

1757, 15 juin, ✠ en son château de Rollencourt Mess. Baudry Aldebert, comte de Marnix, chev^r, baron de Rollencourt, Maisoncelle, Blingel, sgr haut justicier de Béalencourt et a. l. ; inhumé le lendemain à 6 heures du soir, au milieu du chœur de l'église.

1773, 29 X^{bre}, ✠ Aldegonde Eléonore de Lannoy, veuve du précédent, 84 ans ; inhumée le lendemain dans l'église.

1774, 9 mai, ✠ en cette paroisse Mess. Adrien François Joseph, comte de Lannoy et du St Empire, chev^r de St Lazare et de N. D. du Mont-Carmel, 86 ans, inhumé dans la chapelle du sgr c^{te} de Marnix.

1775, 7 9bre, ✠ h. et p. dame Catherine-Philippine-Brigitte de La Motte, veuve de feu Mess. Antoine François Philippe de Cunchy, chev^r, sgr de Fleury, Tremblois, Grandcamp et a. l. ; inh. dans l'église.

1780, 21 juillet, ✠ Mess. Claude François Joseph, comte de Marnix et de Bornehem, baron de Rollencourt et de Pymorin, seig^r de Guilberchies et a. l., 58 ans ; enterré dans la chapelle de cette église, sa sépulture ainsi que de sa famille.

1785,...... ✠ d^{lle} Charlotte Joseph de Marnix, ancienne chanoinesse du Chapitre de Denain, 67 ans, décédée au château de Rollencourt : enterrée dans le caveau de la famille.

La cloche porte cette longue et intéressante inscription (1) :

✠ IAY ÉTÉ BÉNIE PAR Mᴿᴱ LOUIS MARIE RIQUIER CURÉ DE CE LIEU ET SUIS NOMMÉE SOPHIE JOSEPH PAR HAUT ET TRES PUISSANT SEIGNEUR ▬▬

MESSIRE PIERRE JOSEPH CHEVALIER DE MARNIX ANCIEN CAPITAINE AU RÉGIMENT DE CHARTES (sic) CAVALERIE ET PAR TRES NOBLE (2) ET TRES ILLUSTRE ▬▬

DAME MADAME MARIE GUISLAINE ERNESTINE JOSEPHINE SOPHIE DE CUNCHY VEUVE DE TRES HAUT ET TRES PUISSANT SEIGNEUR MESSIRE CLAUDE ▬▬

FRANCOIS JOSEPH COMTE DE MARNIX ET DE BORNHEM, CHEVALIER, BARON ET SEIGNEUR DE ROLLANCOURT, BLINGEL, MAISONCELLE, GRAND CORDEL, ▬▬

BEALLENCOURT, MONS, DONVEZ, GUISBERCHIES, TRETU, PIMORIN, MARIEKERQUE, BARON ET SEIGNEUR DE CRILLA SAINT MAURICE ET DE PLUSIEURS AUTRE (sic) LIEUX ▬▬

MERE AYANT PRIS LA GARDE NOBLE DE MESSIRE CHARLES GUISLAIN MARIE NÉ COMTE DE MARNIX ET DE BORNHEM BARON DE ROLLANCOURT SEIGNEUR ▬▬

DESDITS LIEUX &C. &C. EN PRESENCE DU SIEUR JEAN MARIE HIACINTE HERMEL RECEVEUR DESDIT (sic) SEIGNEUR ET DAME ET AUSIS (sic) RECVEUR (sic) DE LADITE EGLISE.

En bas, côté nord : J. E. PANET LIEUTENANT.

En bas, côté ouest : FONDUE PAR DROUOT EN 1788 (3).

Personnages divers :

1738 (?), 27 juillet, ✠ damᴵˡᵉ Marguerite Françoise de Jacomel, 62 ans, femme de Antoine-Hubert Daniel ; enterrée dans l'église.

1738, 16 août, ✠ Marie Marguerite Daniel, fille des précédents, 26 ans et demi ; enterrée dans l'église auprès de sa mère.

1738, 26 août, ✠ Charles François Daniel, frère de la précédente, enterré aussi dans l'église.

1744, 20 juillet, ✠ Marie Jeanne Delgérie, femme de Philippe Déprez.

1745, 3 août, ✠ le sieur Charles Vainet, sgr de Courcelles, 56 ans, inhumé devant la chapelle de Saint-Nicolas.

1749, 5 mai, ✠ Marie Joseph Dépré, femme de Jacques Philippe Lemoine, brasseur, 28 ou 30 ans ; dans l'église, proche du grand portail.

1750, 29 janvier, ✠ Marie Thérèse Françoise Masse, 27 ans, femme d'Edouard François Evrard (probablement près des fonts baptismaux).

1751, 4 octobre, ✠ Jean Briois, mari de Marie Françoise Cardon, 55 ans, du hameau de Courcelle.

(1) Les i pointés, plusieurs E accentués, ce qui est rare sur les cloches de cette époque.

(2) NOBRE (sic, copie de l'abbé Vivier).

(3) Cette inscription est reproduite, avec beaucoup d'erreurs, dans le *Dict. hist. du Pas-de-Calais, Saint-Pol*, II, p. 348.

A l'Est, cette cloche est ornée d'un Crucifix, avec la Madeleine à ses pieds ; à sa droite, une Vierge-Mère ; à sa gauche, un évêque crossé et mitré, vêtu d'une chape.

Au Sud, quatre grandes feuilles de saule posées en croix.

Pas d'armoiries.

« Ordre ayant été donné aux municipalités en 1792 de ne conserver qu'une seule cloche pour convoquer le peuple aux assemblées communales, les habitants de Rollencourt envoyèrent à Hesdin la plus petite de celles que le comte de Marnix venait de donner à l'église. » (1). Cette cloche, datant de 1766, fut concédée à la commune d'Auchy-les-Moines (2). On a vu plus haut son inscription (3).

II. — CIMETIÈRE

Dans le mur nord extérieur de l'église, près du croisillon nord, plaque de marbre blanc :

(Calice). Près de ce temple ‖ où il avait coutume d'annoncer ‖ la parole de Dieu, de prier ‖ et d'offrir le saint sacrifice ‖ repose dans la paix du Seigneur ‖ Louis Adolphe Vivier ‖ curé pendant 47 ans de cette ‖ paroisse de Rollancourt et Blingel ‖ Bénéficier de 1re classe de la Cathédrale d'Arras ‖ ancien aumônier du camp d'Ambleteuse ‖ pendant la guerre de Crimée ‖ il rendit son âme à Dieu ‖ le 20 avril de l'an de grâce 1903 ‖ à l'âge de 80 ans.

Enclos fermé, réservé aux sépultures de la famille de Bertoult. Tombes plates :

1º Écus accolés sous couronne de marquis :

Bertoult : *de gueules à la fasce d'or accompagnée en chef de 3 coquilles et en pointe d'un lion passant du même.*

Hespel : *écartelé 1 et 4 d'or à 3 ancolies d'azur, 2 et 3 d'argent au chevron parti d'or et d'azur.*

Ici ‖ repose le corps ‖ de Monsieur ‖ Edmond Charles Hubert ‖ de Bertoult ‖ décédé à Rollancourt ‖ le 21 février 1877 ‖ à l'âge de 72 ans.

Ici ‖ repose le corps ‖ de Madame Edmond ‖ de Bertoult ‖ née Pauline Claire ‖ d'Hespel ‖ décédée à Paris ‖ le 6 8bre 1868 ‖ à l'âge de 60 ans.

2º Écus accolés sous couronne de comte :

Bertoult ;

du Maisniel : *d'argent à 2 fasces de gueules chargées chacune de 3 besans d'or.*

Ici ‖ repose le corps ‖ de Monsieur ‖ Maurice Arnould Ernest ‖ de Bertoult ‖ décédé au château de Rollancourt ‖ le 12 mai 1896 ‖ dans sa 63e année.

---

(1) *Dict. cité*, ibid.
(2) Et non d'Auchy-au-Bois. (Ibid).
(3) Voir p. 11.

Ici ‖ repose le corps ‖ de Madame Maurice ‖ de Bertoult ‖ née Marguerite Edmée Perrine ‖ du Maisniel du Hamel ‖ décédée au château de Rollancourt ‖ le 15 août 1893 ‖ dans sa 55ᵉ année.

3⁰ Petit monument levé :

Pierre Marie Arnould ‖ de Bertoult ‖ décédé à Rollancourt ‖ le 9 février 1875 ‖ à l'âge de sept ans.

III. — CHATEAU ET VILLAGE

Le château, bâti par les Marnix au xviiiᵉ siècle, est beau et précédé d'une magnifique avenue. Sur le fronton, écus ovales de Bertoult et d'Hespel, accolés sous couronne de marquis ; supports : deux lions ; ornements de style Louis XV.

Une maison de pierre, près l'entrée du château, porte en ancres de fer, sur le pignon, la date :

$$1699 \ (1).$$

SAINT-GEORGES

I. — ÉGLISE SAINT-GEORGES

Petite église de style grec, datant de la seconde moitié du xviiiᵉ siècle, sauf la tour octogone qui s'élève en avant-corps, haute et svelte, avec ses huit fenêtres cintrées de l'étage supérieur (fin xviᵉ siècle). (2).

« Les armes du Prieuré de Saint-Georges étaient : *d'argent à une croix de gueules*. On peut encore voir ces armes sur l'un des contreforts de l'église paroissiale de Saint-Georges, dans le cimetière, du côté de l'ancien prieuré » (3).

---

(1) Le dominicain Vincent Nicolle, natif de Rollancourt, était enterré en l'église des Jacobins de Douai, sous cette épitaphe :

Hic jacet corpus Reverendi admodum ac Eximii Patris, fratris Vincentii Nicolle, sacræ Theologiæ Doctoris, hujus provinciæ sanctæ Rosæ Provincialis ; Leodii, Valencenis, semel ; sui vero conventus quarto Prioris, scriptis clari, omnibus amabilis. Obiit 27ᵃ septembris anni 1739, ætatis suæ 76, religionis 59, sacerdotii 52. Requiescat in pace. Amen. (Communication de M. Edmont).

(2) 23 juillet 1778. Devis et conditions des ouvrages à faire au chœur de l'église de Saint-Georges, en conformité de ceux exécutés depuis peu à la nef : — Lambris cintré semblable à celui de la nef. — Colonnes à bases, fûts et chapiteaux d'ordre ionique — pour la somme de 1050 livres. — Adjudication à Jean-Baptiste Dués. (Gros d'Hesdin aux Arch. Pas-de-Calais ; note de M. Lavoine).

(3) J. Lion, *Description de l'ancienne ville de Hédin*, p. 33.

Inscriptions des deux cloches de l'église de Saint-Georges (1).

1º Grosse cloche.

✠ ALBERTINE MAGDELEINE IE SVIS
NOMMÉE PAR D. ALBERT DE PRONVILLE
PRIEVR ET S^{GR} DE S^T GEORGE
PARRAIN
ET DAME MARIE MAGDELEINE DE GARGAN
DOVAIRIÈRE D'ANTHIN
MARREINE DV TEMS DE E. F.
CRIE CVRE DE S^T GEORGE ET I'AY ESTE FONDVE PAR ESTIENNE
PAVSSAVD (2) L'AN 1760.

2º Petite cloche.

✠ ARNOVL CHAPPERON MA FAICT 1683.

Voici les commentaires dont M. Georges Vallée accompagne ces inscriptions :

« Albert de Prouville fut nommé au prieuré de Saint-George par le cardinal d'Auvergne, abbé commendataire d'Anchin, en 1746, par un acte original sur velin (dit M. Le Glay), revêtu du sceau du cardinal et portant sa signature *H. Cardinalis ab Arverniâ*. Cette nomination était illégale, dit M. Escallier, dans son *Histoire de l'abbaye d'Anchin*, p. 195.

« Les prieurés forains, comme celui de Saint-George, n'étaient pas de véritables titres de bénéfices, mais de simples obédiences ou administrations comptables et révocables à la volonté du supérieur régulier, qui dépendaient, à ce titre, de l'abbé d'Anchin, mais ne pouvaient être exercées que par des religieux profès de l'abbaye même. Ce qui indiquerait que, si Albert de Prouville était dans les ordres, il n'était pas du moins religieux bénédictin. Il appartenait à la famille *de Prouville d'Haucourt* (3), qui portait : de sinople à la croix engrelée d'argent, et avait entrée aux États d'Artois. Il succédait au prieuré de Saint-George à André de Retz. J'ignore à quelle époque et par qui il fut remplacé, — les prieurs de Saint-George ayant été très nombreux. — Les deux derniers prieurs furent Dom François Ochin et Dom Joseph Geudin, de familles originaires de ce pays.

« La famille de Gargan-Rollepot, à laquelle appartenait la marraine de

---

(1) Article de M. G. Vallée dans le *Bull. Soc. Antiq. Morinie*, t. VI, 1878, pp. 195-200.

(2) Lisez IAVSSAVD, Jaussaud.

(3) « Philippe-Dominique de Prouville, seigneur d'Haucourt, capitaine d'infanterie wallonne, fut élu chevalier par Philippe IV, le 31 juillet 1654. *(Dictionn. du Pas-de-Calais*, t. II, p. 294, de Cardevacque ; Arras, 1873).

notre cloche, avait aussi entrée aux États d'Artois, ainsi que celle des d'Anthin. Elles sont ainsi désignées dans la liste de 1758 : de Gargan-Rollepot, de Monchel : de gueules à 2 fasces d'argent (1) ; d'Anthin, de Fontaines : d'azur au ohevron d'or accompagné de 3 croissants d'argent.

« Le fief de Gargan était situé à Saint-George, de temps immémorial, et a été le berceau de cette grande famille, fort connue dans l'histoire de notre province, qui possédait le magnifique domaine de Rollepot-lès-Frévent, établi en l'an 1221 par le sire Mathieu, et remplacé maintenant par une filature (2).

« *Bénédiction de deux cloches de la paroisse de Saint-Georges-lez-Hesdin* (3).

« L'an de grâce mil sept cent trente, le vingt et un de septembre, i'ay moy
« dom Alexis Hémart, religieux d'Anchin, et doien de la paroisse de S^t-
« Georges, bénit deux cloches, sçavoir la moienne et la petite, de l'église
« paroissiale ; à la première a été imposé le nom de *Françoise-Charlotte*, par
« Monsieur de Saluces de Bernemicourt, coadjuteur d'Anchin, prieur et sei-
« gneur dudit St-George, et Madame la Marquise de Saluces de Bernemi-
« court, ses parrain et marraine. A la seconde a été imposé le nom de
« *Françoise, Gabrielle, Charlotte*, par Monsieur de Saluces de Bernemicourt,
« coadjuteur d'Anchin, prieur et seigneur dudit St-George, et Madame
« Gabrielle-Charlotte Lanion, marquise de Grigny, ses parrain et maraine,
« lesquels ont signé ce présent registre le iour et an que dessus ».

« (Signé) : D. F. SALUCES BERNEMICOURT,

« Coadjuteur d'Anchin.

« En l'absence de Madame la Marquise de Saluces de Bernemicourt.

« LANNION DE GRIGNY.

« D. A. HÉMART, doyen (4).

« C. A. F. FLAMENT, curé de St-George ».

« (Registre aux baptêmes de Saint-George, 1727-1737. (F. 9 recto). — Archives communales).

« *Note sur le prieur D. F. Saluces de Bernemicourt.*

« Sur la demande des religieux d'Anchin au duc d'Orléans, régent du royaume pendant la minorité de Louis XV, dom François de Bernemicourt avait été élu le 1er avril 1716, coadjuteur du Cardinal de Polignac et son suc-

---

(1) Lisez : *d'argent à 2 bandes de gueules.*
(2) Harbaville, *Mémorial*, t. II, p. 283.
(3) Communication de M. Vallée dans le *Bull. Soc. Ant. Morinie*, t. VI, 1877, p. 35.
(4) « Le 21 octobre (1739) est décédé M. Hémart, religieux d'Anchin et maître des boids du Prieuré. — Registre 1739 ».

cesseur présomptif au siège abbatial d'Anchin. L'abbé d'Hasnon, le marquis
d'Havrincourt et M. de Bernage, intendant de Picardie et d'Artois, étaient les
commissaires nommés par le Roi pour cette élection.

« Le choix de dom de Bernemicourt fut approuvé par les cours de Rome
et de France. La lettre royale enregistrée le 20 juin 1716, contient de grands
éloges des vertus et qualités de ce religieux, qui fut nommé peu de temps
après au prieuré de Saint-George, en remplacement de dom Joseph Doye, où
il résida presque constamment, jusqu'à sa mort, arrivée le 31 juillet 1739,
deux ans avant le cardinal de Polignac qu'il devait remplacer comme abbé
d'Anchin. Il fut le premier coadjuteur nommé après l'institution des abbés
commendataires, et eut pour successeur dans cette dignité dom Charles Morel,
abbé d'Anchin après la mort du cardinal de Polignac (20. 9ᵇʳᵉ 1741), et dans l'in-
tervalle prieur de Saint-George, où il fut remplacé par dom Albert de Prouville.

« Dom de Bernemicourt mourut à l'abbaye des Dames de Bourbourg. Son
cœur a été rapporté et inhumé dans l'église du prieuré. Sa famille, qui fournit
un grand nombre d'hommes distingués à l'Artois, avait entrée aux Etats et
portait *de sable semé de fleurs de lys d'or* (1) ».

A l'église de Saint-Georges, sur une pierre bleue, dans le pavé, vers le
milieu de la nef, à droite de l'autel de la Sainte-Vierge, on lit :

CY DEVANT

GISSENT LES

CORPS DV Sᴿ IEAN

VILLETTE LIEVTENANT

DE CE LIEV DECEDE LE 25

8ᴮᴿᴱ 1703 AGE DE 63

ANS ET DE DAMᴸᴸᴱ

MARIE ANNE FRANCOIS

SA FEMME DECEDEE LE

14 8ᴮᴿᴱ 1738 AGEE

DE 79 ANS PRIEZ DIEV

POVR LEVRS AMES

REQVIESCANT

IN PACE (2).

---

(1) « *L'abbaye d'Anchin*, par Escallier. — Registres de catholicité de la paroisse
de Saint-George, années 1739 et autres. Cottés et paraphés par le lieutenant général du
bailliage d'Hesdin ou de Saint-Omer ou par le premier président du Conseil d'Artois ».

(2) Communication de M. G. Vallée, *Bulletin* cité, t. vi, p. 197.

II. — CHATEAU ET VILLAGE

De l'ancien Prieuré, il ne reste qu'un bâtiment sans caractère.

Le château de Watteville ou Saint-Ladre, à M. Georges Vallée, député du Pas-de-Calais, a été bâti vers 1850.

Au hameau de Saint-Ladre, une petite chapelle sous le vocable de Notre-Dame de Bonne-Espérance ou de Consolation porte, sur une pierre saillante, la date :

1717

« *Plaques et pierres existant chez M. Vallée, à Watteville ;*

« 1° Une plaque de cheminée en fonte, de 61 centimètres carrés, représentant saint Vincent de Paul recueillant des enfants abandonnés. — Cassée par le milieu.

« Cette plaque provient de l'ancienne ferme de Watteville, démolie vers 1850, qui était, avant la Révolution, la propriété de M. de Cogery, et avait appartenu à Jehan de Boffles, écuyer, seigneur de Watteville, et à sa famille.

« 2° Une pierre rectangulaire de 39 cent. de longueur, 25 cent. de largeur, 14 cent. d'épaisseur, portant la date de 1663.

« 3° Une autre pierre rectangulaire de 45 cent. de longueur, 28 cent. de largeur, 11 cent. d'épaisseur, portant la date de 1761.

« Ces deux pierres proviennent également des démolitions de la ferme de Watteville.

« 4° Une pierre sculptée de 43 cent. de longueur, 32 cent. de largeur, 15 cent. d'épaisseur, portant les traces d'un blason, où l'on distingue encore un casque posé de face, sur un écu de forme ronde rendu fruste par l'usure, entouré d'ornements sculptés, assez bien conservés.

« Cette pierre provient de la démolition, opérée vers 1850, d'une vieille maison, sise à Saint-Georges, rue des Loups, à 50 mètres environ de la grande route départementale d'Hesdin à Frévent, à gauche en allant vers le bois de Saint-Georges.

« 5° Un bas-relief en pierre, de 1^{m}22 de longueur, 75 cent. de hauteur, ayant figuré saint Georges et son coursier, qui provient de l'ancienne église du Prieuré de Saint-Georges, démolie pendant la Révolution. Cette pierre, qui est plate d'un côté, a été sculptée sur sa face, où l'on distingue parfaitement les formes d'un cheval et la place de la selle. Le cavalier a été brisé, ainsi que la tête, le cou et les jambes du cheval. Cette pierre doit être fort ancienne. Elle est rongée par le temps, effritée et presque informe.

« *Pierres anciennes, à Saint-Georges :*

« 1º Chez M. Boniface, à l'ancienne abbaye, un buste de saint, en pierre, décapité, de 1ᵐ15 environ de hauteur; les bras sont croisés sur la poitrine, et bien conservés. Cette statue provient de l'ancien Prieuré.

« 2º Chez M. J.-B. Ledain, cultivateur, ancienne ferme de la famille de Gargan, une pierre, aujourd'hui peu distincte, placée dans la muraille sur la route; elle portait comme armoiries, *un aigle;* supports, *deux lions.* (Notes de vieux habitants du village) » (1).

Cet écu fruste est visiblement écartelé, avec un écusson sur le tout; en dépit de ces souvenirs des anciens du lieu, je croirais volontiers qu'il était aux armes de Gargan sur le tout, avec quartiers d'Auxy-Roussefay et d'Ailly. — Gargan : *d'argent à 2 bandes de gueules;* Auxy : *échiqueté d'or et de gueules, à la branche de ronces de sinople, mise en bande, brochant sur le tout ;* Ailly : *de gueules au chef échiqueté d'argent et d'azur.* — Heaume et lambrequins (2).

---

(1) Notes de M. Georges Vallée.

(2) La branche des Gargan de Pompery et de La Vacquerie habitait Saint-Georges. Cf. *Généalogie de Gargan*, pp. 88 à 94. La dernière de cette branche, Marie-Magdeleine de Gargan, née à Saint-Georges le 27 février 1680, épousa par contrat du 9 mai 1703, Louis-François d'Anthin, écuyer, seigʳ d'Anthin, etc. Ils eurent une fille, Ernestine Pélagie d'Anthin, dame d'Anthin, Baillon, mariée par contrat du 3 avril 1723 à Georges François de Néelle, seigʳ de Mottes, Lozinghem, Lossignol, membre de l'Etat noble d'Artois. mort en 1766 (*Généal. Gargan*, p. 94, et *Généal. Béthune-Desplanques*).

Marie Louise Camille de Nelle, dame de Lozinghem, Baillove, Antin, etc., morte à Lozinghem, âgée de 80 ans, le 12 février 1852, avait épousé Marie François Guislain Le Jay, écuyer, sgr de Massuaire, mort au même lieu le 16 octobre 1838, âgé de 65 ans 10 mois; d'où Aglaé Guislaine Le Jay, morte à Lozinghem le 13 mai 1847, alliée le 8 juin 1817 à Louis Marie de Beugny d'Hagerue, écuyer, officier de cavalerie, garde du corps de Monsieur, frère du Roi. (A. de Ternas, *La Chancellerie du Conseil d'Artois*, p. 61).

Leurs enfants vendirent à M. Ledain la ferme de Saint-Georges.

Cette ferme constituait probablement le chef-lieu du nef de Villelongue, consistant en 5 ou 6 mesures de manoirs et 40 mesures de terres à labour (*Généal. Gargan*, pp. 408, 415); les autres fiefs des Gargan à Saint-Georges ne consistaient qu'en censives ou en terrages.

TRAMECOURT

I. — ÉGLISE SAINT-LÉONARD

L'église de Tramecourt est la plus riche du canton au point de vue épigraphique ; la noble maison, dont les origines se confondaient avec celles du village, et qui vient malheureusement de s'éteindre, avait rempli le petit sanctuaire de ses pierres tombales. M. le comte de Galametz, dans son *Histoire Généalogique de la maison de Tramecourt* (1) a reproduit le dessin de ces belles dalles. Je dois cependant en relater ici les longues inscriptions et les blasons, sous peine de n'être pas complet.

L'église de Tramecourt, comme bien d'autres dans la région, a été bâtie au xviie siècle dans le style du xve ; elle forme la croix latine (2).

La tour carrée est plus ancienne que la nef, puisque Isabeau de La Haye, douairière de Jean de Tramecourt, légua, en 1570, 40 livres pour aider à la parfaire (3).

La jolie voûte de la nef, débadigeonnée en 1890, porte sur ses nervures les inscriptions suivantes :

MARTIN HANICQE

MANEGLIER 161Z

IAN LE FEBVRE

PBTRE (4)

W. PIGOVCHE.

Noms du marguillier, du curé et probablement du maçon.

---

(1) Arras, 1881, in-4º.

(2) « Cette église », dit le chanoine Robitaille *(Excursion Archéol. dans l'arrond. de Saint-Pol*, 1859-60, extr. du *Bull. de la Comm. dép. des mon. hist.*, t. I. p. 348), « fut construite au commencement du xviie siècle ; la nef du moins porte la date de 1612. Le plein cintre mêlé à la forme ogivale annonce la fin du règne de la belle architecture. Toutefois les nervures de la voûte, habilement groupées et s'élevant en faisceaux avec beaucoup de grâce, sont dans un état de parfaite conservation, et peuvent consoler les habitants de n'avoir pas attendu la Renaissance pour bâtir la maison de Dieu ». Le bon chanoine entend par *Renaissance* l'éclosion du gothique troubadour, aussi démodé aujourd'hui que ridicule, qui sévissait aux environs de 1850, et qu'il admire naïvement comme un retour aux vraies traditions du Moyen-Age. Heureux les habitants de Tramecourt d'avoir leur jolie église, et non une de ces bâtisses sans goût qui déshonorent le style gothique !

(3) Cte de Galametz, op. cit., p. 15.

(4) Prêtre.

Le chœur est mesquin et n'a pas de voûte. Au commencement du xviiᵉ siècle, l'abbaye de Blangy, qui *comme décimatrice était obligée à l'entretien du chœur*, fut assignée « devant le Conseil d'Artois par la communauté des paroissiens de Tramecourt ; ceux-ci, fiers de leur église, auraient sans doute voulu voir élever un chœur en harmonie avec la nef » (1).

La voûte de la nef *comme le plafond du chœur sont ornés d'écussons accolés, aux armes de Tramecourt, deux fois répétées.*

Les pierres tombales sont au nombre de onze; on possède, en outre, le texte des deux plus anciennes épitaphes, aujourd'hui disparues. En voici la teneur :

1° « Épitaphe en l'église de Tramecourt en Artois :

Cy gist Jean de Tramecourt, écuier, sieur d'Ivry (2), *Bacqueol, &a, et Dame Jeane de Monchy sa femme, lesquels ont pour le bien de leurs ames et à bonnes intentions fondez en cette chapelle de Sᵗ Eloy une messe à ppetuité tous les jours de l'an, à diacre et sous diacre, et delivrer pour l'offrande un quarteron de coupons de cire, et d'aumosner aux pauvres prisonniers de la ville de Therouane pour six sols de pain. Cette fondation écrite au Martirologe de cette Église, et lettres données par les Doien et Chapitre de Therouane aux parens d'iceux fondateurs. Ledit sieur trespassa en juillet 1474. Priez Dieu pour leurs ames.*

« *Ils ne laissèrent qu'une fille mariée à Jean de La Forge, écuier, sʳ d'Eps* » (3).

2° Épitaphe sur plaque de cuivre, placée, après la destruction de Thérouanne, dans l'église de Tramecourt, où elle se voyait en 1785, ornée des écussons de Tramecourt et de Monchy (*de gueules à 3 maillets d'or*) :

« *Jean de Tramecourt, seigneur dudit lieu, d'Ivergny et La Court, escuier de l'escurie du Roi nostre sire, et damoiselle Jane de Monchy, sa femme, ont pour le bien de leurs asmes et à leurs intentions fondé, en ceste chapelle de Saint-Eloy en ceste église de Thérouanne à perpétuité, une messe par chacun jour de l'an, avecq deux obits perpétuels par chacun an à diacre ; et sont les messes et les jours desdits obits déclarés au martyrologe d'icelle Eglise*

---

(1) Cᵗᵉ de Galametz, loc. cit.

(2) Lisez *Ivergny*.

(3) *Recueil des anciens tombeaux*, etc., 1740.— Mss. 967 (ancien 886) de la Bibl. de Douay, pp. 202 et 203. — Bull. Soc. Ant. Morinie, t. v, 1875, p. 431. — Communicᵒⁿ de M. G. Vallée.

et ès lettres baillées par le doyen et chapitre aux héritiers desdits fondateurs, auxquels obits se doit faire offrande de vin, quarteron de coppons de cire, et se doit aumosner pour six sols de pain aux sœurs grises et noires et aux prisonniers de ladite ville, et estant à l'autel épiscopal (?) ainsi que par ledit martyrologe et lettres sur ce faites peut apparoir. Et trespassa ledit sieur le onzième jour de décembre l'an mil quatre cent quatre vingt et sept. Priez Dieu pour son asme et de ladite demoiselle sa femme » (1).

Les quatre pierres qui suivent sont encastrées dans le mur nord du chœur :

3° Dalle bleue, hauteur 1^{m}50 ; largeur 1^m. En haut, occupant les deux tiers de la pierre, les défunts agenouillés vers senestre, devant un crucifix posé sur une tête de mort. Jean de Tramecourt est tête nue, mains jointes, vêtu d'une armure articulée, couverte d'une cotte armoriée ; collerette à fraise ; épée au côté ; éperons ; casque à terre près de son prie-Dieu. Isabeau de La Haye porte un long manteau à ses armes, une coiffure plate et une collerette à fraise. Au-dessus d'eux, l'écu de Tramecourt, timbré d'un heaume à lambrequins, cimé d'un lion issant et soutenu par deux lions gardants (2).

A senestre, les quatre quartiers de Tramecourt :

TRAMECOVRT — *d'argent à la croix ancrée de sable.*

REDYS — *d'argent à 3 chevrons d'azur.*

GRANSSART — *écartelé 1 et 4 de gueules à l'orle d'argent ; 2 et 3 d'argent au créquier de gueules.*

HVBERT — *d'azur à 3 étoiles (à 6 rais) d'or.*

A dextre, les quatre quartiers de La Haye d'Hézecques :

LA HAYE — *d'argent au chevron de sable (3) accompagné de 3 merlettes du même.*

BAILLIEVL — *de gueules au sautoir de vair.*

ZEQVESKAPLE — *d'azur à la fasce d'or accompagnée de 6 billettes du même, 3 et 3.*

LESTREE — *de... à 3 bandes de... ou : bandé de... et de... (?)*

---

(1) Rapporté d'après les Preuves de Malte de 1785. — Cte de Galametz, p. 114, et Cte de Hauteclocque, *Dict. hist.* cité, p. 361. Il semble bien que cette inscription et la précédente soient deux copies, peu exactes, du même texte.

(2) Bien entendu, sur cette tombe de 1540-1592, les hâchures des blasons ne sont pas indiquées.

(3) Alias *de gueules.* (Rietstap).

L'inscription, qui n'occupe qu'un tiers de la pierre ou environ, est ainsi conçue :

Ichy gissent nobles et Vertvevses personnes

Ieh n de Tramecovrt seignevr dvdit liev

Gransart Lannoy Framezelle ecz et

Damoisselle Isabeav de la haye Dame de la

Prée la Follye le val ecz sa compagne

lesqvelz povr le salvt de levrs ames et

celles de levrs parens ont fonde en ce liev

tovs les Ievdis de lan la Messe dv Venerab^{le}

St Sacrement et trespasserent asscvoir

icellvy le 27e de novembre 1540 et

icelle Damoiselle le 6e daovst 1592

pries pov^r levr^s ames.

En dessous, les armes de La Haye dans un écu en lozange (1).

4° Dalle noire. Hauteur 1^m80 ; largeur 1^m environ. — En haut, les armes de Tramecourt soutenues par deux lions regardants. Heaume couronné, cimé d'un lion issant. De chaque côté, des lambrequins et une tête de mort sur tibias en sautoir.

A dextre, huit quartiers de Tramecourt (sans hâchures) :

TRAMECOVRT. (Voir ci-dessus).

GRANSSART.

LA HAYE.

DOVLIEV — *de gueules au sautoir de vair* (Bailleul-Doulieu).

WES DIT GVISNES — *vairé et contrevairé d'argent (alias d'or) et d'azur.*

FRAMECOVRT — *de gueules au chef d'argent ; écartelé aux 2 et 3 de gueules à 3 coquilles d'or,* qui est de Ricametz.

MAGNICOVRT — *d'argent au lion de sinople portant en cœur un écu écartelé d'or et de sable.*

CREPIEVL — *d'argent à l'aigle éployée à 2 têtes de gueules.*

A senestre, huit quartiers de Saint-Venant :

St VENANT — *d'azur à l'écu d'argent, surmonté d'un lambel de 3 pendants du même.*

---

(1) Planche dans l'*Hist. généal. de la Maison de Tramecourt*, à la p. 38.

GANTHOIS — *de gueules au chevron d'or.*

BLONDEL — *écartelé 1 et 4 d'or à la bande de sable* (Blondel-Gonnelieu) ;
*2 et 3 d'or fretté de gueules, au franc-quartier de Wavrin qui est d'azur à
l'écusson d'argent.*

OVDART — *d'argent à 3 merlettes de sable.*

DVBOIS DE FIENNES — *d'argent au lion de sable, à la bordure de gueules.*

DABLAIN — *d'argent à 3 lions couronnés de sinople, à la bordure engrelée
de gueules.*

DE CROIX — *d'argent à la croix d'azur.*

TERREMONDE — *penné en fasce d'or et de sable de 6 pièces.*

En bas, écu ovale, mi-parti Tramecourt et Saint-Venant, avec la devise :
VIRTVS ET ANTIQVITAS.

Inscription :

CY GISENT NOBLES ET ILLVSTRES PERSONNES MESSIRE
ANTHOINE DE TRAMECOVRT CHLR Sʳ DVDIT LIEV
WERCHIN SANLIS DONCQVEVR LVGY, LE TAILLY
GRANSSART BEAVREPAIRE &ᶜ LEQVEL EST DECEDE
LE 2ᴱ DAPVRIL J657 EAGEZ DE 81 ANS
ET MADAME LOVISE DE S. VENANT SA COMPAIGNE
DERNIERE DE CE NOM DAME DE LA CESSOYE, LE BIEZ
LANGLE, ESSAISINNES, LE PRETZ, LAVAVCHELLE,
DE LE CROIX, LE HEVTE &ᶜ LAQVELLE EST MORT
LE 24 DOCTOBRE J636 A LEAGE DE 54 ANS
GIST AUSSY MESSIRE FRANCHOIS DE TRAMECOVRT
Sᴿ DE WERCHIN LEVR FILS AISNEZ EN SON VIVANT
VALEVREVX CAPITAINE AV SERVICE DE SA MAᵀᴱ
CATHOLIQVE MORT A MARIÉE LE 5 DAPVRIL 1649
ET NOBLE Sᴿᴱ PHLES DE TRAMECOVRT Sᴿᴱ DE
SANLIS LEQVEL AVOIT ESPOVSÉ DAME CHARLOTTE
DE BERGHVES EST DECEDE SANS LAISSER ENFFANS
LE 27 DE IANVIER 1655
COE AVSSY NOBLE & VENERABLE PBRE CHARLES
DE TRAMECOVRT Sᴿ DE LA CESSOYE DECEDÉ LE 6ᴱ
DE 7ᴮᴿᴱ 1659 TOVS TROIS MORTS A LEAGE DE
41 ANS OV ENVIRON LESQVELS ONT DONNEZ
A CESTE EGLISE LA SOME DE HVICT CENT FLORINS
A CHARGE DE FAIRE CELEBRER A TOVSIOVRS POVR LE

REPOS DE LEVRS AMES CINCQ OBITS SOLEMNELS
A 9 PAVLMES (1) & 9 LECONS TOVS LES ANS CHACVN AV
IOVR DE LEVR TRESPAS & DE DONNER AV PASTEVR
POVR SA MESSE & CHANTVAIRE 30 PATTARS AV
DIACRE & SOVBDIACRE CHACVN 12 PATTARS DE
METTRE DESSVS LAVTEL 4 CHANDEILLES DE CHIRE
PESANT VNG QVARTRON CHACVNE Z DE LIVRER
LES COPPON POVR LOFFRANDE FAIRE SONNER
TROIS VOLEES DE CLOCHE, & DELIVRER ORNEMENS
PAIN & VIN REQVIESCANT IN PACE (2).

5° Marbre blanc bordé de noir. — Hauteur : 1ᵐ80 ; largeur : 1ᵐ. En haut, armes accolées de Tramecourt et de Thiennes ; supports : deux lions gardants ; couronne de marquis ; cimier : un lion issant. Devise : Virtus et Antiquitas.

A dextre, les huit quartiers de Tramecourt :

de Tramecourt.

de Béthune — *d'argent à la fasce de gueules, à l'écusson en franc-quartier de gueules, chargé d'une bande d'or accompagnée de 6 billettes du même* (qui est Saveuses).

Vooght — *d'argent à la fasce vivrée de gueules, accompagnée de 3 aiglettes de sable.*

Sᵗ Venant.

Wez dit Guisnes.

La Haye.

Redis.

Granssart.

A senestre, les huit quartiers de Thiennes :

de Thiennes — *d'azur à l'orle d'or, à l'écu d'argent chargé d'un lion couronné de gueules* (3).

Van der Gracht — *d'argent au chevron de gueules accompagné de 3 merlettes de sable.*

---

(1) Lisez *Psaulmes*.

(2) Planche dans l'*Hist. généal. de la maison de Tramecourt*, à la p. 54.

(3) Alias : *d'or à la bordure d'azur ; à l'écusson en cœur d'argent bordé d'azur, chargé d'un lion de gueules armé, lampassé et couronné d'or.*

de Gomiecourt — *d'or à la bande de sinople.*

de Léon — *d'or à 5 pals de gueules, au lion d'argent tenant une épée du même, brochant sur le tout.*

Ballet — *d'azur au lion d'or, au chef du même chargé d'une aigle éployée naissante de sable.*

van der Varent — *d'argent à la bordure engrelée de gueules, à la bande de sinople fuselée de sept pièces.*

Reylof — *d'or à la hure de sanglier de sable, défendue d'argent.*

Geelham — *de sinople à la cuisse de lion d'or.*

L'inscription porte :

Cy Gissent Très-Haut
Et Très-Puissant Seigneur
Messire Antoine François
Léonard DE TRAMECOURT
Chevalier, Seigneur Dudit Lieu,
Werchin, Azincourt, Senlis,
Wiel-Biez, Langle, Guioffosse,
Wachin, Doncœur, Delcroix,
et Plusieurs Autres Lieux,
Decedé le 12 de Novembre
1773, agé de 61 ans.
et Très-Haute et Très-Puissante
Dame Madame Isabelle Louise
Françoise de Paul DE THIENNES
de Rumbecque son épouse,
Dame de Castre et Autres Lieux,
decedée le 29 de Juillet 1764,
agée de 29 ans.
et de Messire Marie
Christian Louis Léonard
DE TRAMECOURT, leur Fils,
Decedé le 2 de Juin 1772
Agé de 12 ans.

Sur une banderole : *Requiescant in pace Amen.*

Têtes de mort, sablier ; et en dessous :

Meunier hesdin sculp. (1).

---

(1) Planche dans l'*Hist. généal. Tramecourt*, p. 74.

6ᵉ Absolument identique à la précédente. En haut, écus de Tramecourt et de Nédonchel accolés. A dextre, les huit quartiers de Tramecourt, comme ci-dessus ; à senestre, ceux de Nédonchel :

Nédonchel — *d'azur à la bande d'argent.*

Douay — *d'azur au pal d'argent chargé de 3 tourteaux de sable.*

Croixdheuchin — *d'argent à la croix d'azur.*

Assignies — *burelé de vair et de gueules de 6 pièces.*

Lannoy des Plechin — *d'argent à 3 lions de sinople armés et couronnés d'or, lampassés de gueules.*

Massiette — *d'argent à la fasce bretessée et contrebretessée de gueules, au franc-quartier d'or chargé de 2 fasces de gueules, qui est Walloncapelle.*

Bergues-Sᵗ-Vinock — *d'or au lion de gueules.*

Habarcq — *fascé d'or et d'azur de 8 pièces (alias d'azur à 3 fasces d'argent.)*

Inscription :

CY GISSENT TRÈS-HAUT
ET TRÈS-PUISSANT SEIGNEUR
MESSIRE FRANÇOIS EUGÈNE LÉONARD
DE TRAMECOURT, CHEVALIER,
SEIGNEUR DUDIT LIEU, WERCHIN,
SENLIS, AZINCOURT, WIEL-BIEZ,
DELCROIX, CANTRAINE, BAUREPAIRE,
DONCŒUR, DESPLANQUES, LE TAILLY,
LANGLE, Sᵀ QUANTIN, ET AUTRES LIEUX
CHEVALIER DE L'ORDRE ROYAL ET MILITAIRE
DE Sᵀ LOUIS, ANCIEN CAPITAINE
AU RÉGIMENT D'INFANTERIE DU ROY,
DÉCÉDÉ LE 12 DE JUILLET 1776,
AGÉ DE 63 ANS.
ET TRÈS-HAUTE ET TRÈS-PUISSANTE
DAME MADAME MARIE ANNE JOSEPH
DE NÉDONCHEL, SON ÉPOUSE,
DAME D'AMBRICOURT, MATRINGHEM,
GRIBOVAL, ET AUTRES LIEUX,
DÉCÉDÉE LE 24 DE JUIN 1817,
AGÉE DE 73 ANS.

Desquels sont Issus de leur Mariage
Messire Georges Léonard Bonaventure
DE TRAMECOURT, leur fils aîné
Messire Adrien Eugène Léonard
Second Fils.
Messire Marie Albert Eugène Régis
Troisième Fils.
et Messire Marie Alexandre
Joseph Léonard, Quatrième Fils,
Tous Quatre Officiers au Régiment
d'Infanterie du Roy, Les Deux
Derniers Chevaliers de l'Ordre
de St Jean de Jerusalem dit de Malthe.

Sur une banderole : *Requiescant in pace Amen.*

(Tête de mort, feuilles de laurier).

Meunier sculp.   *A Hesdin* (1)

7° Cette pierre se trouve adossée au mur intérieur de la sacristie. Elle mesure 2ᵐ50 sur 1ᵐ70. Marbre blanc bordé de noir. En haut, sur un manteau de pair, sont les armes de Tramecourt avec supports et cimier : trois lions. — Couronne de marquis *fermée.* — Devise comme ci-dessus.

De chaque côté sont quatre écus, savoir, à dextre :

TRAMECOURT.
TRAMECOURT.
TRAMECOURT.
TRAMECOURT.

Et à senestre :

BÉTHUNE
{ DE BEAUFFORT : *d'azur à 3 jumelles d'or;*
{ et DES ÉCOTAIS : *d'argent à 3 quintefeuilles de gueules.*
DE BRANDT DE GALAMETZ : *d'azur à 3 flammes d'or, ombrées de gueules, 2 et 1.*
DE BRANDT DE GALAMETZ :   *id.*

---

(1) Planche dans le même ouvrage, p. 80.

Inscription :

Spes illorum immortalitate plena est.

CI GISSENT

Mᴿ Georges-Léonard-Bonaventure, marquis DE TRAMECOURT,

pair de France, ancien membre de la chambre des députés

chevalier de l'ordre royal et militaire de Sᵀ Louis,

décédé le 14 octobre 1848, a l'age de 82 ans ;

et Mᴹᴱ Marie-Émilie-Eugène-Ernestine-Françoise DE BÉTHUNE

son épouse, ancienne chanoinesse du noble chapitre de Maubeuge,

décédée le 15 aout 1818, a l'age de 50 ans

et ses trois frères puînés, savoir

Mᴿ Adrien-Eugène-Léonard, comte DE TRAMECOURT

chevalier de l'ordre royal et militaire de Sᵀ Louis,

décédé le 18 février 1830, a l'age de 62 ans ;

marié en 1ʀᴱˢ nôces a Mᴹᴱ Joséphine Ferdinande de BEAUFFORT,

décédée le 7 mai 1807, et en 2ᴹᴱˢ nôces a Madame Blanche Henriette

Charlotte DES ÉCOTAIS.

———

Mᴿ Marie-Albert-Eugène-Régis, comte DE TRAMECOURT,

chevalier de l'ordre royal et militaire de Sᵀ Louis,

décédé le 31 mars 1845, a l'age de 75 ans,

et Mᴹᴱ Marie-Louise-Françoise DE BRANDT DE GALAMETZ,

son épouse, décédée le 10 septembre 1839, a l'age de 64 ans.

———

Mᴿ Marie-Alexandre-Joseph-Léonard, comte DE TRAMECOURT,

décédé le 22 décembre 1809, a l'age de 37 ans,

et Madame Marie-Claire Hortense DE BRANDT DE GALAMETZ, son épouse.

———

Lesdits trois frères puînés

reçus chevaliers de justice de l'ordre de Sᵀ Jean de Jérusalem.

———

Requiescant in pace

———

Sancta ergo et salubris est cogitatio

pro defunctis exorare ut a peccatis solvantur.

———

Après 1895, on a posé contre le mur intérieur ouest du croisillon sud trois grandes épitaphes sur marbre blanc, lettres noires, dont voici le texte :

8° Ecus accolés de Tramecourt et de Béthune ; couronne de marquis ; cimier : un lion issant ; supports : 2 lions gardants ; devise : VIRTUS ET ANTIQUITAS. Croix de Saint-Louis.

13

A dextre, quartiers de Tramecourt :

TRAMECOURT — NÉDONCHEL — BÉTHUNE — WOOGHT — Sᵀ VENANT — WEZ DE GUINES — LA HAYE — REDIS.

A senestre, quartiers de Béthune :

BÉTHUNE.

BERNARD — *de gueules à l'épée d'argent, garnie d'or, la pointe en bas, accostée de 2 étoiles du même.*

HOUCHIN — *d'argent à 3 lozanges de sable.*

LIÈRES — *d'argent à 2 bandes d'azur.*

GHERBODE — *d'argent à la fasce vivrée d'azur, accompagnée de 3 têtes d'aigle du même, becquées d'or.*

ZILLEBECQ — *d'azur à 3 fleurs de lys d'argent, à la bande de gueules brochant sur le tout.*

HYBERT — *d'argent à 3 poissons de sable, mis en pal, 2 et 1.*

BOURS — *d'argent à la croix ancrée de gueules.*

Inscription :

GI GISENT
MESSIRE GEORGES LÉONARD BONAVENTURE
MARQUIS DE TRAMECOURT
PAIR DE FRANCE HÉRÉDITAIRE
CHEVALIER DE L'ORDRE ROYAL ET MILITAIRE DE Sᵀ LOUIS
DÉCÉDÉ LE 14 OCTOBRE 1848 A L'AGE DE 83 ANS.
MADAME MARIE AMÉLIE ERNESTINE FRANÇOISE
DE BÉTHUNE CHANOINESSE DE MAUBEUGE
SON ÉPOUSE
DÉCÉDÉE LE 15 AOUT 1818 A L'AGE DE 50 ANS.
MESSIRE ADRIEN EUGÈNE LÉONARD
COMTE DE TRAMECOURT
CHEVALIER DE L'ORDRE ROYAL ET MILITAIRE DE Sᵀ LOUIS
DÉCÉDÉ LE 18 FÉVRIER 1830 A L'AGE DE 63 ANS
ÉPOUX 1° DE Mᵉˡˡᵉ VICTORINE DE BEAUFORT
ET 2° DE Mᵉˡˡᵉ BLANCHE DES ESCOTAIS.
MESSIRE MARIE ALBERT EUGÈNE RÉGIS
COMTE DE TRAMECOURT
CHEVALIER DES ORDRES DE MALTE ET DE Sᵀ LOUIS
DÉCÉDÉ LE 30 MARS 1845 A L'AGE DE 75 ANS.

Madame Marie Louise Françoise
de BRANDT de GALAMETZ
Son Épouse
Décédée le 10 Septembre 1839 a l'Age de 64 Ans
Messire Marie Alexandre Joseph Léonard
de TRAMECOURT
Chevalier de Malte
Décédé le 22 Décembre 1809 a l'Age de 37 Ans.
Madame Marie Claire Hortense
de BRANDT de GALAMETZ
Son Épouse
Décédée le 21 Juillet 1862 a l'Age de 86 Ans.

Sur une banderole : Requiescant in pace Amen.

Têtes de mort et ossements.

9° Ecus accolés de Tramecourt et Tramecourt ; tous les ornements absolument semblables à ceux des deux autres pierres, mais sans croix de Saint-Louis.

Les quartiers sont les mêmes que ceux de dextre de la précédente épitaphe (de Tramecourt à Redis) ; les mêmes quartiers sont répétés à droite et à gauche.

ici reposent
Monsieur Victor Marie Léonard
de TRAMECOURT
Marquis de TRAMECOURT
Décédé a Paris le 12 Avril 1877
Agé de 70 Ans et
Madame Aline Marie Cécile
de TRAMECOURT
Son Épouse Décédée a Tramecourt
le 26 Décembre 1895 Agée de 87 Ans.
Monsieur Hippolyte Marie Léonard
de TRAMECOURT
Comte de TRAMECOURT
Son Second Frère Décédé
a Givenchy-le-Noble Sans Alliance
le 24 Décembre 1882 Agé de 69 Ans.

Monsieur Alfred Marie Léonard
de TRAMECOURT
Comte de TRAMECOURT son 3ᵉ Frère
Décédé a Paris le 22 Février 1867
Agé de 52 Ans Veuf le 2 Avril 1856 de
Madame Constance Destutt d'ASSAY
Décédée a Taroiseau a l'Age de 26 Ans
et Epoux en Secondes Noces de
Madame Adolphine de ROISIN.

Sur banderole : Requiescant in pace Amen.

(*Têtes de mort et ossements*).

10ᵉ Ecus accolés de Tramecourt et de Clermont-Tonnerre.

Même ornementation (sans croix de Saint-Louis).

Quartiers de dextre :

TRAMECOURT — BRANDT — NÉDONCHEL — BÉTHUNE — WOOGHT — Sᵀ VENANT — WEZ DE GUINES — LA HAYE.

Quartiers de senestre :

CLERMONT-TONNERRE — *de gueules à 2 clefs d'argent en sautoir.*

WIGNACOURT — *d'argent à 3 fleurs de lys au pied nourri de gueules.*

VASSINAC D'IMÉCOURT — *d'azur à la bande d'argent cousue de sable.*

ESTOURNEL (Estourmel) — *de gueules à la croix engrelée d'argent.*

LAMETH — *écartelé 1 et 4) de gueules à la bande d'argent, accompagnée de 6 croisettes recroisetées du même en orle ; 2) d'argent à 3 maillets de sable ; 3) d'or fretté de gueules, au franc quartier d'or à l'étoile d'azur (à 6 rais).*

LANNION — *d'argent à 2 fasces de gueules.*

LE BOUCHER — *de gueules à 2 lions affrontés d'or, à l'étoile du même en chef.*

SENICOURT — *d'argent à la fasce de gueules.*

ICI REPOSENT
Monsieur Gustave Adrien
Marie Alexandre
de TRAMECOURT
Comte de TRAMECOURT
Décédé le 9 Mai 1874
a l'Age de 64 Ans.

MADAME MARIE CHARLOTTE
AMÉDÉE VICTOIRE
DE CLERMONT-TONNERRE
SON ÉPOUSE
DÉCÉDÉE LE 28 AOUT 1882
A L'AGE DE 44 ANS.
MONSIEUR RENAUD MARIE
DE TRAMECOURT
MARQUIS DE TRAMECOURT
LEUR FILS (1)
DÉCÉDÉ LE 14 MARS 1887
A L'AGE DE 24 ANS
ÉPOUX DE MADAME LOUISE
PRINCESSE DE BROGLIE-REVEL.

Sur banderole :   REQUIESCANT IN PACE AMEN.

11° Pierre noire (2), encastrée dans le mur oriental de la chapelle latérale dans laquelle les seigneurs assistent à la messe. — Hauteur : 0ᵐ80 ; largeur : 0ᵐ63. Dans la partie supérieure, quatre quartiers : (sans hâchures).

A dextre — DE TORES (effacé).

LABROYE — *d'argent à la croix pleine de gueules, chargée de 5 coquilles d'or, à une merlette de sable au quartier senestre du chef.*

A senestre : DE CROIX — *d'argent à la croix ancrée de sable.*

Sᵀ VENANT — *d'azur à l'écu d'argent, surmonté d'un lambel à 3 pendants du même.*

L'inscription, dans un encadrement irrégulier et bizarre, est ainsi conçue :

A LHONNEVR DE DIEV ET DE LA
GLORIEVSE VIERGE ET DE TOVT
LES Sᵀ. DAME MARIE DE TORES
VEFVE DE FVT MESIRE CHARLES
DE Sᵀ. VENANT CHLR Sᴿ. DE LACESSOY
SAISINNE. VELBIET. LABROYE LE PREJECTZ ET POVR

---

(1) Dernier du nom.
(2) Cette épitaphe n'est pas mentionnée dans l'*Histoire généalogique de la maison de Tramecourt.*

CELLE DE

LE BIEN DE SON AME ET DE SONDIT MARY ET SES (1)
PARENS FIDEL TRESPASSÉS FONDE DENS LEGLI
SE DE S^T. LEONART A PERPETVITE 5. MESSES PAR
SEMAINNES ET 2. OBITZ SOLLEMNEL PAR AN
LVNG AV 19^E. DE IANVIER IOVR DV TRESPAS DE
SONDICT MARY ET LAVTRE LE 4^E. DOCTOBRE A
QVEL EFFECT A LEGATE A ICELLE EGLISE LA
SOME SEIZE CENT FLEVRINS VNE FOIS ET APRE^S
AVOIR FAICT PLVSIEVRS AVLTRES PIEVSES FON
DATIONS ET DONNATIONS TANT ES VILLES
DE LILLE S^T. OMER ET AVLTRES LIEVR EST
SAINCTEMENT TERMINEE LE 4^E. IOVR DOC
TOBRE 1625. ET SON CORPS INHVMES DEVANT
LE GRAND AVTHEL DE LA PAROISSE DE S^T. SAV
VEVR AVDICT LILLE AVPRES DE SON DIST MARY
PRIEZ DIEV POVR LEVRS AMES.

12° Pierre blanche, encastrée vis-à-vis la précédente, dans le mur oriental de la même chapelle. Hauteur : 1ᵐ04 ; largeur : 0ᵐ74. L'inscription est dans un encadrement cintré. En haut, une volute ; en bas, trois écussons ; huit quartiers de chaque côté (sans hâchures) :

Quartiers de dextre :

VĀ HOVTE : *d'or à la fasce de sinople ;* et STAVEL : *d'hermines à la bande de gueules.*

VĀ HOVTE et VĀ ROODEN : *d'azur à 3 anilles d'or.*

VĀ HOVTE et NIEPPE : *d'hermines, à l'écu de gueules posé en cœur.*

VĀ HOVTE et BELLE : *d'or à 6 cloches d'azur, 3, 2, 1.*

VĀ HOVTE et DAILLY : *de gueules, au chef échiqueté d'argent et d'azur.*

VĀ HOVTE et S^T OMER : *d'or à 2 fasces de gueules.*

VĀ HOVTE et DE HORNES : *écartelé 1 et 4) d'or à 3 cors de gueules,* qui est de Hornes ; *2) de sable au léopard d'argent,* qui est de Guasbecque ; *3) d'hermines à la bande de gueules chargée de 3 fermaux d'or* (ou coquilles ?) qui est de Hondschoote ; *sur le tout : d'argent à 4 chevrons de gueules,* qui est Cuinghem.

---

(1) *Sic.*

Vā Hovte et Cornhvse : *d'or à 3 trèfles d'azur, et en abîme une fusée de..*
Van Hovtte seul.

Quartiers de senestre :

Tracovrt : *d'argent à la croix ancrée de sable ; et* Haloi : *d'argent à 3 fasces de gueules, au sautoir d'azur brochant sur le tout.*

Tracovrt et Crepievl : *d'argent à l'aigle éployée à 2 têtes de gueules.*

Tracovrt et Qvieret : *d'hermines à 3 fleurs de lys de gueules au pied nourri.*

Tracovrt et Mailly : *d'or à 3 maillets de sinople (ou de gueules).*

Tracovrt et Gransart : (voir plus haut).

Tracovrt et Redys.   id.

Tracovrt et la Haye   id.

Tracovrt et Bvissy : *d'azur au chevron d'or chargé de 5 besans d'azur.*
Tracovrt seul.

En bas, trois écus :

Au milieu : Van Hovtte : *d'or à la fasce de sinople.*

A droite : Dv Maire : *écartelé 1 et 4 de sinople au chevron d'argent, 2 et 3 d'argent billeté de sable, au lion brochant du même, armé et lampassé de gueules ; sur le tout, de... à 2 bandes de...*

A gauche : Le Lovchier : *de sable semé de croix recroisetées au pied fiche d'or, à 3 louches du même brochant sur le tout, 2 et 1.*

L'inscription porte :

Cy devant
gissent nobles et illvstres
personnes Messire Pierre
van Hovtte chevalier seig^r
de Zvvthove la Pree la Folye
la Mtte (1) dv Val etc. leqvel
trespassa le (2)
Et dame Anne dv Maire sa
compaigne dame de Rondt
Werdrecqve Lannoy Cave
rel Wichoqvel etc. derniere

---

(1) La Motte.
(2) En blanc.

> DE CE NOM DECEDEE LE 29ᴹᴱ
> DE IVIN J639 ET DAMOISELLE
> AGNES LEVR FILLE AIGNE (1) LA
> QVELLE TRESPASSA LE 4ᴹᴱ DE
> NOVENBRE J637
> ET DAME CHATERINNE LE LOVC
> HIER SA SECONDE FEMME DAME
> DORDREVL ETᶜ DECEDE LE (2)
> DE (2)   LESQVELS EN CE
> LIEV WERDRECQVE ET RONDT ONT
> FAICTE DIVERSES FONDATIONS
> *Pries Dieu pʳ leurs Ames.*

Cette pierre était autrefois à Renescure ; Mᵐᵉ la marquise de Tramecourt l'a fait apporter dans son église il y a quelques années (3).

13ᵉ Dalle bleue, encastrée dans le mur nord de la nef. Hauteur 0ᵐ85 ; largeur 0ᵐ67. Dans la partie supérieure, un prêtre est à genoux, en soutane, devant un autel sans rétable, où est exposé le saint ciboire. En dessous, on lit :

> Mᴱ
> ICY GIST NICOLAS BOCQVILLON PRESTRE LEQVEL
> POVR LE SALVT DE SON AME ET DE CELLE DE ANTOINE
> ET LOVISE BOYAVAL SES PERES ET MERE ET DE SES
> PARENS TRESPASSES A FONDE A PERPETVITE EN
> LEGLISE DE Sᵀ LEONART TOVT LES IEVDY DE LAN
> LES VESPRES DV VENERABLE Sᵀ SACREMENT ET
> 6. OBITZ HAVLT ET CHANTÉS AVSSY PAR AN ET
> POVR A QVOY SATISFAIRE IL A LEGATE A ICEL
> LE EGLISE A PRENDRE SVR SES PRINCIPAVX BIENS

---

(1) Aînée.

(2) En blanc.

(3) Planche dans l'*Hist. généalog. de la Maison de Tramecourt*, à la p. 42. — Je ne puis donner ici les tableaux de quartiers des nombreuses pierres armoriées de Tramecourt ; cela m'entraînerait trop loin ; je renvoie à l'excellent travail précité de M. de Galametz, où le lecteur trouvera tous les détails désirables. Cf. notamment l'armorial des planches, pp. 177-178, et les quartiers Van Houte, pp. 41-42.

LA SOME DE 15. FLEVRINS DE RENTE ANNVELLE A
CHARGE DE PAR ICELLE LIVRER ORNEMET ET LVMI
NAIRE ECTZ TRESPASSA LE 2ᴱ DE AVRIL J633.
PRIES POVR LEVRS AMES.

J'en ai fini avec l'épigraphie de l'église de Tramecourt, car les curieux fonts baptismaux, du xiiᵉ siècle, ne portent aucune inscription (1). Il me reste seulement à parler des cloches.

« Des trois cloches posées en 1629 et refondues en 1730, une seule fut conservée pendant la Révolution ; elle portait », dit M. de Galametz, « l'inscription suivante que j'ai relevée en 1851 :

« MARIE J'AI ETE NOMMEE PAR MESSIRE ANTOINE FRANCOIS LEONARD DE TRAME-COURT, CHEVALIER, SEIGNEUR DE TRAMECOURT, WERCHIN, SENLIS, ET DAME MARIE ISABELLE DE BETHUNE, DAME D'AZINCOURT, SA MERE, EN L'AN 1730. M. GOUVENOT ET HANOT NOUS A FAIT.

« Au-dessous étaient les écussons accolés de Tramecourt et de Béthune, surmontés d'une couronne de comte et supportés par deux lions, reposant sur un liston, où se lisait la devise : *Virtus et antiquitas.*

« Cassée en 1858, elle fut remplacée par la cloche actuelle, dont voici l'inscription :

« J'AI ETE NOMMEE MARIE-CLAIRE-ARGENTINE PAR MONSIEUR VICTOR-MARIE-LEONARD, MARQUIS DE TRAMECOURT, MON PARRAIN, ET MARIE-CLAIRE-HORTENSE DE BRANDT, VEUVE DE MONSIEUR MARIE-ALEXANDRE-JOSEPH-LEONARD, COMTE DE TRAME-COURT, MA MARRAINE ; MONSIEUR SATURNIN LESCUYER, MAIRE ; MONSIEUR JEAN-BAP-TISTE DECOBERT, CURE, 1859 » (2). .

II. — CHATEAU

Le château de Tramecourt, bâti en briques et pierres, date en partie du règne de Louis XV. Au fronton de chacune des deux façades, sont deux écus ovales, tous deux aux armes de Tramecourt, accolés sous couronne de marquis, avec la devise : VIRTUS ET ANTIQUITAS.

------

(1) Décrits par l'abbé Robitaille, loc. cit. C'est le seul auteur qui les ait mentionnés.
(2) Cᵗᵉ de Galametz, op. cit., p. 15.

Un grés, sur la porte de l'aile gauche, est orné d'un écu en lozange, parti de Tramecourt et de Béthune-Desplanques, sous couronne de comte, avec la date :

17

40

Sur la porte de l'aile droite, on a imité l'ornementation de la pierre précédente ; l'écusson est parti Tramecourt et Tramecourt, sous couronne de comte, et la date 1852.

Dans le vestibule sont plusieurs portraits d'ancêtres ; les cadres armoriés refaits pour la plupart :

1. MARIE MARGUERITE || DE TRAMECOURT, || ABBESSE D'ESTRUN || 1676. — Armes : *d'or à la croix ancrée de sable.*

2. MARIE ANNE DE DOUAY || MARIÉE EN 1727 A DENIS || GEORGES DE NÉDONCHEL || Vᵀᴱ DE STAPLE. — Ecus accolés de Nédonchel et de Douay (*d'azur au pal d'or chargé de 3 tourteaux de sable*).

3. MARIE ALBERTINE || DE NÉDONCHEL || [décapitée en] 1793. — *d'azur à la bande d'argent.*

4. CÉSAR JOSEPH || MARQUIS DE NÉDONCHEL || MESTRE DE CAMP DE CAVALERIE || 1775.

5. ADRIEN JOSEPH AMÉDÉE || DE BÉTHUNE || COMTE DE Sᵀ VENANT || [décapité en] 1793. — Ecu de Béthune-Desplanques.

6. Mᴹᴱ DE HOUCHIN || MARIÉE A FRANÇOIS EUGÈNE || DE BÉTHUNE, COMTE DE Sᵀ VENANT || 1761. Ecu de Béthune, parti de Houchin : *d'argent à 3 fusées de sable, posées en pal, 1, 1, 1.*

7. Dans le petit salon, un grand tableau représente la dame de Tramecourt, née de Nédonchel, entourée de ses quatre enfants, dont l'aîné, revenant de sa première chasse, lui rapporte triomphalement un lièvre. Cette jolie toile est signée :

D. Doncre pinxit

1779

Elle est ornée des écus accolés de Tramecourt et Nédonchel, sous couronne de marquis, supportés par deux lions regardants (1).

---

(1) Ce tableau a été décrit en détail par M. Camille Le Gentil, *Doncre*, dans les *Mém. de l'Académie d'Arras*, 2ᵉ série, t. II, 1868, p. 98. — Dominique Doncre (1743-1820) naquit à Zeggers-Cappel, non loin de Saint-Omer.

Sur le palier :

8. Enfant armé : ÆTATIS SVÆ 8. ANNO 1643. — Pas d'armoiries.

9. MARIE ALEXANDRE BONAVENTURE, B^{on} DE NÉDONCHEL 1832.

Dans les salons :

10. Portrait signé *Largillière*.

11. Portrait signé *Nattier*. Les personnages ne me sont pas connus.

12. FRANÇOIS DE TRAMECOURT ‖ CAPITAINE DE GARDES WALLONNES ‖ 1649 (1).

13. ALEXANDRE GEORGES ‖ DE TRAMECOURT ‖ 1666.

14. GEORGES ‖ DE TRAMECOURT ‖ 1664.

15. MARGUERITE PHILIPPINE DE WOOGT ‖ MARIÉE A GEORGES DE TRAMECOURT ‖ EN 1660.

16. MARIE ISABELLE ‖ DE THIENNES ‖ MARIÉE A ANTOINE FRANÇOIS ‖ DE TRAME-COURT.

17. MARIE MADELEINE DE TRAMECOURT ‖ MARIÉE AU MARQUIS D'ASSIGNIES ‖ 1733.

18. FRANÇOISE HENRIETTE ‖ DE HÉNIN (*sic*), MARIÉE A GEORGES ‖ DE TRAMECOURT ‖ 1656. — Ecus de Tramecourt et de *Haynin : d'or à la croix engrelée de gueules*.

Le château est rempli d'objets curieux et anciens, qui en font un véritable musée ; notons seulement, à cause de leurs inscriptions :

Deux vases en faïence italienne, XVIe siècle. Légendes sur le pied :

Sur l'un :

   ENTRO QVESTA FORESTA

    VAGA E LA FERA

   E CHIARA E LA TEMPESTA.

Sur l'autre :

    IN COSI BELLA VISTA

   L'ORROR BELLEZZA AQVISTA.

Un calice porte, sur le pied, un écu écartelé, 1 et 4 à la croix ancrée (Tramecourt) ; 2 et 3, trois chevrons (Redys).

Rappelons aussi le fer forgé aux armes de l'abbaye de Ruisseauville (2).

Le château antérieur à celui d'aujourd'hui est encore conservé et très curieux. Construit en briques, avec toutes les parties ornées ou saillantes en pierres, il date de la seconde moitié du XVIe siècle. Toutes les fenêtres sur la cour et dans le pignon ont des linteaux de grés surmontés de cintres simulés,

---

(1) Il y a erreur ; les gardes wallonnes n'existaient pas à cette époque. Il faut lire *d'infanterie wallonne*.

(2) Cf. *Canton de Fruges*, p. 115.

à coquilles en éventail, avec archivoltes en plein cintre se raccordant au larmier. Aucune fenêtre n'est plus croisée actuellement, mais plusieurs l'ont été sans doute. Une tourelle s'élève à l'angle de la façade. Au-dessus de sa porte, une pierre sculptée porte un écu parti de Tramecourt et du Wez dit Guînes, ce qui permet d'attribuer la construction de ce manoir à Jean de Tramecourt, mort le 17 mai 1608, et à Françoise du Wez, décédée le 11 novembre 1597, mariés par contrat du 5 décembre 1565 (1).

La façade opposée n'a aucune ouverture ni aucun ornement. A l'intérieur, vaste cheminée dont le manteau est orné d'une niche.

VACQUERIETTE

L'église date de 1865 ; placée sous le vocable de la Vierge, elle n'a aucun intérêt ; le mobilier a été entièrement renouvelé (2).

---

(1) Cte de Galametz, *Hist. généal. de la Maison de Tramecourt*, p. 47. Consulter cet ouvrage pour tous les personnages de la famille, dont les portraits sont relatés ci-dessus. On y trouvera aussi, çà et là, diverses épitaphes de membres de la maison de Tramecourt, existant dans d'autres églises.

(2) La cloche, fondue à Douai par Drouot, porte une inscription en trois registres :

1° ✠ A L'ÉGLISE MA VOIX CONVIE
    ✠ JE SOURIS QUAND RENAIT L'ENFANT
    ✠ POUR L'EPOUX JOYEUX EST MON CHANT
    ✠ TRISTE QUAND S'ACHEVE UNE VIE.

2° ✠ MON PARRAIN EMILE TIRMARCHE
    ✠ ET MA MARRAINE APOLLINE MAHIEU
    ✠ M'ONT MOMMEE MARIE APOLLINE EMILIE
    ✠ DE VACQUERIETTE, NEE LE 4 MAI 1873.

3° ✠ MAIRE, MONSIEUR FRANCOIS JOSEPH
    ✠ TIRMARCHE, CURE MONSIEUR EUGENE
    ✠ SERAPHIN HERBETTE
    ✠ DEWAILLY-THUILLIER.

(Questionnaire Cardevacque).

VIEIL-HESDIN

La vieille ville, victime des vengeances de Charles-Quint, n'a guère laissé de souvenirs épigraphiques. Ses remparts, dont le tracé se suit encore aisément sur tout leur pourtour, son château, aux pans de murs informes, n'ont pas gardé une seule pierre sculptée (1). Des églises Notre-Dame, Saint-Martin et Saint-Hilaire, on ne connaissait même plus l'emplacement exact ; les fouilles commencées par M. Vallée ont permis d'apprécier l'intérêt archéologique que présenterait l'exploration méthodique des deux premiers de ces édifices ; mais, à notre point de vue particulier, on n'y trouve à glaner qu'une belle clef de voûte d'ogives du xv⁰ siècle, aux armes de France, provenant de Notre-Dame et aujourd'hui entre les mains de M. Vallée (2). Ces armes, pleines et sans la brisure bourguignonne, semblent bien indiquer l'époque où Hesdin faisait partie du domaine royal (1477 à 1498, ou peut-être 1521 à 1529, ou 1537 à 1553).

I. — EGLISE SAINTE-MARIE-MADELEINE

Cette église, ancienne chapelle de faubourg et située hors les murs, sert de paroisse depuis la destruction de l'ancienne ville ; son chœur est antérieur à cette catastrophe ; les nefs et le clocher sont du xix⁰ siècle. Je ne trouve rien à noter dans cet édifice, dont le mobilier a été entièrement renouvelé (3).

La cloche date de 1859 (4).

---

(1) Le tracé de l'enceinte et l'emplacement des églises ont été exactement déterminés pour la première fois par M. Jules Lion, dans la seconde édition de son *Vieil-Hesdin* et dans sa *Description de l'ancienne ville de Hédin*, Amiens, 1905, 36 pp. in-8°.

(2) Je dois à M. Lion une bonne photographie de cette sculpture.

(3) Un charmant autel en chêne de style Louis XV, le plus gracieux, peut-être, que je connaisse, a été remplacé par un produit d'*art industriel* de style pseudo-gothique ; heureusement, l'ancien autel n'a été ni détruit ni brocanté : il fait aujourd'hui le plus bel ornement de l'église de Forestmontier (Somme).

(4) Elle pèse 320 kilos et fut fondue à Sin-le-Noble par Paul et Charles-Clément Drouot frères. (J. Berthelé, *Mélanges*, p. 441). Voici l'inscription :

II. — ANCIEN COUVENT DES SŒURS GRISES

Le couvent des Sœurs Grises du Vieil-Hesdin avait, ainsi que celui des Clarisses, survécu à la destruction de la ville. On y voyait l'inscription suivante :

« Aux Religieuses grises au Vieu[x] Hesdin.

« Dans un marbre en la muraille à droit[e] en entrant :

« *Cy gisent noble seigneur Messire François de Noyelles, chevalier, seigneur dudit lieu, Stade, Roosbeck, Callonne, Bovins, et gentilhomme de la bouche de l'Empereur Charles V, lieutenant général de la cavallerie légère à la bataille de S*[t]*-Quentin, capitaine d'une compagnie d'hommes d'armes et premier gouverneur du Nouveau Hesdin, où il décéda après s'etre trouvé en quatorze tant batailles que rencontres, le dernier avril 1562, et dame Marie de Lannoy, fille 2ème à M*[r]* de Molembaix, chevalier de l'ordre de la Toison d'or, laquelle trépassa le 23 may suivant. Priez Dieu pour leurs ames.*

« Le casque couronné, 2 cols d'asnes affrontés. Supports : 2 asnes.

« Noyelles. Lichtervelde. Culembourg. Bourgogne (1).

« Lannoy.   Esne.   Barbançon.   Bossu » (2).

Noyelles : *écartelé d'or et de gueules.*

Lichtervelde : *d'azur au chef d'hermines.*

Culembourg : *d'or à 3 doubles rocs de gueules ; écartelé d'argent au lion de sable, armé et lampassé de gueules ; sur le tout, d'argent à 3 croissants de sable,* qui est de La Leck.

✠ L'AN 1859 J'AI ÉTÉ REFONDUE PAR LA GÉNÉROSITÉ DE TOUS LES HABITANTS DE VIEIL HESDIN ET NOTAMMENT DE MM.

✠ A. THÉROUANNE PARRAIN Mme DE ROCQUIGNY MARRAINE M. FOURCY CURÉ A. DE ROQUIGNY MAIRE L'ABBÉ L. BÉDU VEUVE

✠ M. ROULLET F. LOUVET A[d] GRÉNIER J. VINCENT L. ROYELLE F. PREVOST O. DELATTRE J. B. DEBOMY M. LELONG F. P.

✠ COLLET T. DELAPORTE J'AI ÉTÉ NOMMÉE MARIE MADELEINE ET BAPTISÉE PAR M. DELANNOY DOYEN DE FILLIÈVRES.

P. DROUOT F[g] N[tre] D[me] DOUAI (NORD).

On dit que la cloche qui a précédé celle-ci venait de Caumont. (Cf. *Canton d'Hesdin,* p. 84).

(1) Quartiers figurés sur le tombeau.

(2) G. Vallée, *Bull. soc. Antiq. Morinie,* t. V, 1875, p. 368 et sq., d'après le

Bourgogne-Beveren : écartelé 1 et 4 de Bourgogne moderne ; 2 et 3, de Bourgogne ancienne, parti de Brabant ; sur le tout, de Flandres.

Lannoy-Molembaix : *d'argent à 3 lions de sinople, couronnés et armés d'or, lampassés de gueules, à la bordure engrelée du même ; sur le tout, fascé d'argent et d'azur de 8 pièces,* qui est de Molembaix.

Esne : *de sable à 10 lozanges d'argent, 3, 3, 3, 1.*

Barbançon : *d'argent à 3 lions de gueules, couronnés, armés et lampassés d'or.*

Hénin-Liétard : *de gueules à la bande d'or.*

Cet ancien monastère est devenu le château de M. Florent de Rocquigny ; le cloître existe encore en partie. Cette habitation date de 1770 environ ; des graffites donnent les dates de 1774 et 1797.

M. de Rocquigny, en faisant creuser une pièce d'eau, a récemment trouvé

---

mss. 967 (anc. 886) de la Bibl. de Douai. *Inscriptions de Flandre et d'Arthois,* p. 233. — Cf. *Epigraphie, Canton d'Hesdin,* p. 52. — Jules Lion, *Description de l'ancienne ville de Hédin,* p. 30.

Voici le détail des quartiers ci-dessus :

QUARTIERS DE NOYELLES :

| Guislain de NOYELLES, dit le Vert, chlr, sr de Noyelles, vicomte de Langle et de Calonne, gouverneur d'Aire, chambellan de l'Empereur Maximilien | Isabeau de LICHTERVELDE, dame de Sladen, Rosbecque, etc. | Gaspard, damoiseau de CULEMBOURG, sr de Borsele, Hoochstraeten | Jeanne de BOURGOGNE fille d'Antoine, comte de La Roche, dit le Grand-Bâtard. |

| Guislain II de NOYELLES, chlr, sgr Vicomte de Langle et de Calonne, gentilhomme de la bouche de Charles-Quint | = 15 avril 1518 | Magdeleine de CULEMBOURG, dame du Tonlieu de Thiell en Gueldres |

François de NOYELLES, chr, sgr dudit lieu, etc., gouvr d'Hesdin, † 30 avril 1562.

QUARTIERS DE LANNOY :

| Baudouin de LANNOY, sr de Molembaix, Solre-le-Château, chlr de la Toison d'or en 1481, chambellan et gd mr d'hôtel de l'Archiduc, gouvr de Lille, Douay et Orchies, † le 7 mai 1501 | Michelle d'ESNE dame de Cauroy, Beauvoir, † 22 avril 1511 | Jean de BARBANÇON, sgr de Cany | Gabrielle de HENNIN-LIÉTARD, dit de Bossu |

| Philippe de LANNOY, sr de Molembaix, Solre, chlr de la Toison d'or en 1531 | Françoise de BARBANÇON-CANY, (sa 2e femme), † en 1559, inhumée aux Sœurs Grises de Solre-le-Château |

Marie de LANNOY, † 23 mai 1562.

un important carrelage en terre cuite émaillée, du xiiie siècle ; les carreaux sont rouges ou verts, les sujets jaunes et quelquefois verts. Les dimensions sont très différentes. On voit sur les carreaux : une clef — des hommes — chevaux — ânes — le cerf miraculeux de saint Hubert — des oies becquetant le sol — un échiquier — une bande chargée de fleurs de lys — un gironné — un écu fantaisiste — un chevalier à genoux, les chaussures armées d'éperons — une dame qui doit être sa femme — des chiens — plusieurs personnages dansant, etc. On croit que l'emplacement où ont été trouvés ces carreaux était celui de l'ancien couvent des Cordeliers.

Un autre carreau, d'un style tout différent (xve siècle), provient du vieux château ; on y voit une banderole avec ce fragment d'inscription : ....irdc. (fond blanc, lettres noires).

On a également trouvé là des restes de vitraux et du plomb qui les sertissait.

M. de Rocquigny conserve un sucrier en porcelaine de Chine, portant l'écu des Dauphin d'Halinghem, ainsi rendu : *d'or au dauphin de gueules accompagné de 3 tourteaux du même ; chef d'azur au soleil d'or.* — Ecu ovale sous couronne de marquis.

III. — ANCIEN COUVENT DES CLARISSES

Quoique ce couvent ait été transféré au nouvel Hesdin après le siège de 1639 (1) la chapelle dédiée à sainte Colette, subsista jusqu'à la Révolution. Cette chapelle fut rebâtie de 1668 à 1669, par les soins de Catherine Loret, dite Saint-Ignace, née à Nantes, 4e abbesse des Clarisses d'Hesdin. En 1698, cette pieuse abbesse envoya à la chapelle Sainte-Colette un calice d'argent sur le pied duquel on lisait :

« *Pour la chapelle de notre sainte mère Colette au Vieil-Hesdin, ans 1698* ».

Ce calice existait encore en 1785 et il n'y en eut probablement point d'autre jusqu'en 1792, époque de la cessation de l'office divin (2).

---

(1) Voir abbé Fromentin, *L'Histoire des Clarisses du Vieil-Hesdin ; Cabinet historique de Picardie*, t. I, 1886.

(2) *Almanach historique d'Artois*, 1785. — J. Lion, *Description de l'ancienne ville de Hédin*, p. 31.

M. Edmont me communique l'épitaphe du théologien protestant Adrien de Saravia, natif du Vieil-Hesdin, professeur à l'Université de Leyde, puis chanoine de Cantorbéry et enterré dans la cathédrale de cette dernière ville :

Dilecto conjugi Hadriano de Saravia Margareta Wyts adhuc superstes, quacum

Le château du Forestel date du xix⁰ siècle et ne renferme aucun objet intéressant l'épigraphie (1).

WAIL

I. — ÉGLISE SAINT-MARTIN

Cet édifice n'offre aucun intérêt. On y remarque une statue en bois de Saint-Martin, à cheval, du xvi⁰ siècle.

Il paraît (2) que l'église fut finie en 1785, et qu'un bénitier en grés de 2 pieds carrés sur 10 pouces d'épaisseur porte la date de 1609 ; il provient des Récollets et est assez bien taillé (3).

Les tombeaux de la famille de Hauteclocque qui étaient dans l'église ont disparu.

---

ille nuptias secundo iniit, annosque sex piè et fideliter vixit, Memoriæ (a) hoc since-rum amoris sui quasi pignus ponendum curavit. Fuit a (autem) is dum vixit Theol. Doctor egregius, Cathedralis hujus Ecclesiæ Prebendarius meritiss., vir in omni litterarum genere exemius, pietate, probitate, gravitate, suavitate morum insignis, scriptis clarus, fide plenus, et bonorum operum dives valde : natione Belga, natus Ædinæ Artesiæ. Vixit quondam Lugduni Batavorum : Angliam petiit primo sub initium regni beatæ memoriæ Elisabethæ : Doctor (quod anté creatus) Oxoniæ post incorporatus est. In memoria æterna erit justus; Obiit ætat. 82, anno 1612, jan. 15. (Paquot, *Hist. litt. des Pays-Bas*, Louvain, 1768, in-fol.).

(1) J'ai parlé ci-dessus, p. 67, du château d'Estruval à l'article du Parcq ; mais ce domaine, quoique tout voisin du village du Parcq, fait partie du territoire du Vieil-Hesdin.

(2) Cᵗᵉ G. de Hauteclocque, *Dict.* cité, p. 384.

(3) La cloche de Wail est l'objet, dans le registre de paroisse, d'un article dont voici la teneur :

« La cloche est peu importante par son poids, bien qu'elle ait un son clair et agréable ; elle pèse environ 200 kilog. Elle a été fondue en l'an 1810 et porte cette inscription :

« *L'an 1810 je suis nommée Julie par Mʳ François Marie de Partz de Pressy pro-priétaire à Willeman — et Catherine Philippine Julie de Monet de la Marck épouse*

(a) Note de Paquot : « Il falloit ôter ce mot, ou mettre auparavant : *Dilecti conjugis*, etc. ».

II. — RÉCOLLETS DU VALENTIN

Au hameau du Valentin, tout proche de Wail, s'élève encore l'ancien couvent des Récollets, fondé en 1489-1503 par Jehan de Bournonville (1). Les

---

de Mr Louis J^h de Hauteclocque maire de Wail et membre du collège électoral du département du Pas-de-Calais. — Charles-François Thuillier, prêtre desservant de Wail et de Galametz. — Puis au-dessous se trouve une croix ayant à droite l'image de la Sainte-Vierge et à gauche celle de saint Martin en évêque, avec ces mots : *Eglise St-Martin.*

« Cette cloche a été fondue par les Garnier père et fils.

« Le 24 décembre 1858, on sonnait avec force une volée vers le soir pour annoncer la grande fête de Noël. Tout à coup, on entend un son aigu et désagréable, puis ce son devient plus sourd et semblable à celui que fait entendre un ustensile en cuivre cassé. C'en était assez pour reconnaître que la cloche était fendue. Cet accident fit une certaine sensation dans la paroisse. On ne put s'accoutumer à ce bruit sourd et désagréable qui remplaçait celui qu'on avait toujours entendu ; et bientôt il n'y eut qu'une voix, à peu d'exceptions près, pour réclamer une nouvelle cloche. En avril 1859, une souscription fut proposée en chaire le dimanche pour subvenir aux frais d'une refonte. M. le curé chercha à faire comprendre que la cloche ancienne était trop petite, et qu'en donnant chacun un peu plus, il était facile d'arriver à un poids plus important. Afin d'encourager la souscription, il fut convenu que les noms des donateurs seraient inscrits sur le registre paroissial, et qu'un service solennel serait chanté plus tard pour leurs parents trépassés, qui y auraient une part proportionnée aux sacrifices », etc. Le curé, le maire et le président du conseil de fabrique quêtèrent à domicile. Des conventions furent faites avec M. Drouot, fondeur de Douay, qui s'engagea à remettre la nouvelle cloche, augmentée d'environ 100 kilogr., à Saint-Pol dans l'espace de six semaines ; mais il fallut accorder un délai.

Enfin, le samedi 29 juillet 1859, fut bénite la nouvelle cloche dont voici l'inscription :

« *J'ai été baptisée en juillet 1859 par M. Delannoy, chanoine hon^{re}, curé doyen de Filièvres. — Je me nomme Marie Françoise. Mon parrain fut M. Alphonse Fr. Philippe de Hauteclocque, chevalier, et ma marraine Mme Marie Sidonie Lefebvre du Hodent son épouse. Je suis le produit d'une souscription faite dans la paroisse en avril 1859. — M. Henri Bulté étant curé et M. Théophile Danvin maire.* Au-dessous se trouve écrit : *Eglise St Martin,* entre l'image de Notre-Seigneur attaché en croix et celles de la Ste Vierge et de St Martin, placées la première à droite, la seconde à gauche de la croix ».

Les noms des souscripteurs sont inscrits au registre de paroisse.

(1) Cf. *Dictionnaire* cité, *Saint-Pol,* II, p. 382.

bâtiments encore debout n'ont pas d'intérêt, sauf quelques restes de belles boiseries Louis XV. Tout le corps de logis, en briques, à un étage sur rez-de-chaussée, est daté de

1772

par les ancres de la façade sur le jardin. Trois panneaux de mauvaise peinture représentent : le baptême de Notre-Seigneur; les disciples d'Emmaüs ; et un sujet de tentation indéterminé. (Personnage assis, en robe rose et écharpe d'or, au milieu d'un désert et de rochers; devant lui, à genoux, un homme nu sauf une écharpe rouge, les cheveux crépus, lui présente une pierre que l'autre refuse de la main. Serait-ce la tentation de Jésus au désert ? Ni le Christ, ni Satan n'ont les types traditionnels). Ces peintures sont du temps de Louis XV.

Dans les pâtures, pleines de sources, un édicule informe, planté sur une fontaine, contient derrière un grillage une statue vénérée de saint Fiacre, en bois, du xvi⁰ siècle ; le saint tient un livre et s'appuie sur une bêche ; il a une belle barbe « florie ».

L'église est détruite; elle renfermait trois belles pierres tombales de la maison de Hauteclocque, dont le registre de paroisse et le mss. 39 de la Bibliothèque d'Arras nous ont conservé les croquis :

1° Sous un arc plein cintre, doublé et orné de dessins géométriques, un ange debout de face, ailes éployées, tête nue, les cheveux épars, les mains abaissées, les pieds nus, vêtu d'une robe assez courte, porte devant lui un écu en lozange, mi-parti en blanc, mi-parti Hauteclocque.

De chaque côté, sur les pieds-droits de l'arcade, sont les huit quartiers. — A dextre :

HAVLTECLOCQVE : *d'argent à la croix de gueules chargée de 5 coquilles d'or.*

VÉRITÉ : *d'azur au chevron d'argent accompagné de 2 croissants en chef et d'un soleil en pointe, le tout* du même (il faut lire *d'or*).

BEAVFFORT : *de gueules au château d'argent donjonné de 3 tours et girouetté ; au franc-quartier fascé d'azur et d'or de 6 pièces (sic pour : d'azur à 3 jumelles d'or).*

SACQVESEPEE (sic) : *de sinople à l'aigle d'or (à une seule tête), saquant une épée de sable posée en bande ; à la bordure componée de gueules et d'argent.*

A senestre :

CAVEREL : *d'argent au chevron de sinople accompagné de 3 quintefeuilles de gueules.*

MONCHAVX DIT ADIN : *écartelé 1 et 4 de sinople fretté d'argent ; 2 et 3 d'argent à la fasce d'azur.*

L'escvyer : *d'azur à 8 lozanges d'or posés en sautoir.*

Vtenhove : *burelé d'azur et d'argent de 12 pièces* (ou, d'après un autre dessin : *d'argent à 7 burelles d'azur* (1).

Voici l'épitaphe :

> Icy gist Madem^elle^ Madelaine de Haul-
> teclocque, fille du tierce ordre du glo-
> rieux St François, elle l'a imité en sa
> vie Séraphique, sa bonté fust sans fiel,
> sans pleurs, sa souffrance sans plainte,
> mais non sans joie en Jesus son époux.
>   Sa memoire vivra eternellement
> nonobstant son trespas qui fust le
> XXIX octobre M VI^c^XXXIII (2).

2° Sous un fronton triangulaire orné de pots à feu, l'écu de Hauteclocque, heaume et lambrequins, et le nom :

HAVLTECLOCQ

Sur les côtés, quartiers ; les noms sur banderole courante reliant les écussons l'un à l'autre :

Haulteclocque.	Moncheaux.
Beauffort.	Caverel.
Vérité.	L'Escuyer.
Sacquespée (sans là bordure).	Utenhove.

Plus bas, sous une draperie, un gentilhomme à genoux, la tête nue, l'épée au côté, les éperons aux pieds, vêtu d'une cotte ; son heaume à terre par derrière ; devant lui, un autel surmonté d'un crucifix. La légende est au-dessus de ce personnage, entre les quartiers :

---

(1) Utenhove ou Uytenhove, à Gand : *d'argent à trois jumelles de gueules.* (Palliot, p. 401, et Rietstap).

(2) Registre de paroisse de Wail. — Planche 12 de la *Notice historique et généalogique sur la Maison de Hauteclocque*, par le Cte Alfred de Hauteclocque. — *Dict. hist. du P.-d.-C.*, *Saint-Pol*, II, p. 383.

D. O. M.

Icy gist le corps de deffunct très
noble Seigneur Philippe de Haulteclocque, écuyer, Seigneur de
Wail, Bellevalé, etc. epoux de noble dame MGTE de Bellevalet de
Flines en Auberchicourt.

Ledit Seigneur trepassa l'An
MDCXXXV agé de XXXIV ans,
massacré à Cercamps par les
Croates Impériaux.

Priez Dieu pour son âme. (1).

---

(1) Reg. par. de Wail. — Mss. 39. Bibl. d'Arras, f° 285 : « En l'église du Valentin
à Wail proche Hesdin » ; lecture conforme à la précédente, sauf la coupe des lignes.
— Planche 13 de la *Notice historique sur la Maison de Hauteclocque.* — *Dict. hist.*,
loc. cit.

Thurien d'Aubrometz, (mss. Bibl. d'Arras) raconte ainsi la fin de Philippe de
Hauteclocque, massacré en défendant l'abbaye d'Etrun dont sa tante était abbesse :

« Cet honorable homme, pour avoir autorisé Jehan Duquesne de tirer d'un coup
d'arquebuze M. de La Fontaine et lieutenant M. Forgeat, colonel général de soldats
Polonois, Croates Impériaux Romains dans le pays d'Artois, en a deub avoir la tete
tranchée de deux coups de sabre et espée turquestre, d'autant que le premier coup
donné ne lui avola nullement la tete, et ce immédiatement aprez avoir eté manqué
detre tirez de trois carabines, qui toutes unanimement faillirent, ce que apercevaut
ledit colonel Forgeat, il luy fit donner un coup de pied avec quoy il fut abbattu à
terre, et lors les Croates le devestirent et sans aucune misericorde luy firent le mas-
sacre avant dit en son privé endroit, sans luy vouloir donner le congé de se pouvoir
confesser auparavant sa mort ; ce qui fut fait au sortir de l'abbaye de Cercamp, au
pays et comté d'Artois, le tout immédiatement après avoir escartellé aussi deslée que
chair à paté le corps de Jehan Duquesne ; et non obstant que ledit Forgeat eut eu
volonté de faire enterrer ces deux corps en terre prophane contiguë le bois par des
prisonniers françois qui en firent les fosses eux-mêmes, en les admonetant que sils ne
venoient à payer leurs rançons amiablement à laquelle ils étoient taxés, qu'ils les
feroient mourir aussi de cette manière, ce qu'il disoit pour les mieux intimider, et
neanmoins le corps du dit sieur de Quatre Vaulx fut emporté, du depuis enterré dans
l'église des religieux recollets du Valentin au dit pays et comté d'Artois. Ce malheur
arriva pour cause que les Croates vouloient prendre quelque cheval de labeur appartenant à la dame abbesse d'Estrun les Arras ». (Cité par Lesueur, *Hist. d'Etrun*, p. 110).

3° (1) Un fronton à lignes brisées, avec consoles, volutes, pots à feu, et une feuille de vigne au sommet, renferme trois écus ovales :

Au milieu, Hauteclocque : *d'argent à la croix de gueules chargée de 5 coquilles d'or,* sous heaume posé de trois quarts, cimé d'un faune issant ; lambrequins.

A dextre, Berghes : *écartelé 1 et 4 d'or au lion de gueules, armé et lampassé d'azur ; 2 et 3 de gueules à 3 coquilles d'argent* (sic pour *or*), qui est de Ricametz.

A senestre, Desmarets de Lannoy : *de gueules à la croix ancrée d'argent*
A droite et à gauche, huit quartiers. A dextre :

HAVLTECLOCQVE.

BEAVFFORT.

CAVEREL.

L'ESCVYER.

A senestre :

BELVALET : *d'argent au lion morné de gueules.*

TORCQ HARPIN (ou Herpin) : *d'azur à la fasce d'or accompagnée de 3 croissants du même* (2).

VIGNON : *d'azur au chevron d'or surmonté d'une hamaide du même* (fasce alaisée et en divise).— Alias : *d'azur au chevron d'or, abaissé sous une trangle du même.* (Rietstap).

COVRONNEL : *écartelé 1 et 4 d'or à 3 maillets de sable* (sic pour *gueules*) ; *2 et 3 d'argent à 3 chevrons de gueules ; à la cotice de sable brochant sur le tout.*

Voici l'épitaphe :

> Cy devant gissent
> Tres noble Seigneur Philippe François de
> Haulteclocque escuyer Sⁱʳ de Wail Quattre-
> Vault, Belvalet, Neufville-au-Cornet et Frisnes (3)
> en-Auberchicourt, Fils de très noble Sⁱʳ Philippe

---

(1) D'après le registre de paroisse et la notice du comte Alf. de Hauteclocque, cette pierre était dans le sanctuaire de l'église paroissiale de Wail, au-dessous du maître-autel ; mais je m'en rapporte de préférence à l'Epitaphier 39 de la Bibl. d'Arras qui la dit placée « en l'église des Récollets du Valentin à Wail. »

(2) Alias : fasce d'or et croissants d'argent (du Hays, *Esquisses généalogiques*).

(3) Flines.

de Haulteclocque, S⁔ desdits lieux et de Dame
Marguerite de Belvalet, Lequel trespassa le
14 may 1686.
Tres nobles Dames Marguerite de Berghes
d'Arleux et Marie Anne Desmarets ses deux
femmes.
Tres noble Sᵉʳ Jean-Baptiste-François de Haulteclocque Sᵉʳ de Wail et de Quattre-Vault, Fils
dudit Sᵉʳ Philippe-François de Haulteclocque
et de ladite dame Desmarets a fait poser
cette épitaphe.
Requiescant in Pace. Amen. (1)

---

(1) Reg. par. de Wail. — Mss. 39 Bibl. Arras, fᵒ 304 : « En l'église des Récollets
du Valentin à Wail » : dessin et inscription incomplète, commençant par : REQVIESCAT
IN PACE AMEN. *Cy devant gisent,* etc. ; et finissant : OBIIT ANNO MDCLXXXVI. — Planche
18 de la *Notice sur la Maison de Hauteclocque.* — *Dict.* cité, p. 384.

Les quartiers de ces pierres tombales peuvent se rétablir comme il suit :

| I.—Jehan de Caverel, receveur général du Comté de Sᵗ Pol sʳ de Corbelmont (fief sis à Ligny Sᵗ Flochel) | Anne Adin, dite de Moncheaux (Bouttemy, *Notice sur Ligny-Sᵗ-Flochel.* — Lambert, *Puits Arté-sien*) | Jean Lescuier, vicomte de Dourlens, sʳ de Manicourt, Baraffles, Apples, Le Bergue, en 1516 | Marie Utenhove fille de Richart (Rosny, p. 846) |

Jean de Caverel, éc., sgr de Neufville au Cornet, Ligny Sᵗ Flochel en partie et Magnicourt sur Canche, † av. 1585

Marie Lescuyer, de Dourlens (remariée à Ghislain du Bus, éc. sgr de Magnicourt sur Canche) (a) vivants en 1594 et 1599

Antoinette de Caverel, dame desdits lieux, fille unique, mariée p. c. du 5 févr. 1585 à F. de Hauteclocque ; teste les 23 avril 1621 et 24. 9ᵇʳᵉ 1627, vivᵗᵉ 1632.

| II.—Walleran de Hauteclocque, éc. sgr de Wail, Havernas, Quatrevaux, 1512-1553 | Marie de Vérité Dame de Quatrevaux † en 1555 | Jean de Beauffort, éc. sgr de Bullecourt, Beaurains, bourgeois d'Arras, le 21 Xᵇʳᵉ 1513 | Jeanne (alias Madeleine) de Sacquespée, † avant 1533 |

Robert de Hauteclocque, écuyer, sgr de Quatrevaux, Wail en partie, hᵉ d'armes de la Cⁱᵉ d'Aussimont. siège aux Etats d'Artois, 1574-1575, reçu bourgeois d'Arras 25 juillet 1558, † av. 1585

Marie de Beauffort, mariée en l'an 1558, † 1599 (veuve de Jean Baudart, sgr de Bondues)

François de Hauteclocque, éc. sgr de Quatrevaux né en 7ᵇʳᵉ 1560, récréante sa bourgeoisie à Arras le 19. 8ᵇʳᵉ 1584, teste le 7 juin 1632

Marié p. c. du 5 févr. 1585 à ladite Antoinette de Caverel

Philippe de Hauteclocque assassiné 1635 et Madeleine morte en 1633

III. — CHAPELLE FUNÉRAIRE
DE LA FAMILLE DE HAUTECLOCQUE

Le château, appartenant à la famille de Hauteclocque, n'a rien de remarquable ; mais la chapelle funéraire, nonvellement rebâtie et du meilleur goût (1), en forme de croix latine, contient des épitaphes à signaler, quelque récentes qu'elles soient.

On y voit au-dessus de la porte, à l'intérieur, un grand écusson aux armes de Hauteclocque, sous heaume de trois-quarts, sommé d'une couronne de comte ; supports et cimier : trois faunes.

De petites plaques de marbre, destinées à porter les noms des défunts enterrés dans la chapelle, sont placées tout autour, le long des murs ; quelques-unes seulement sont gravées :

Marie | de Colbert Castle-Hill, | + | 1865.

Stanislas | de Hauteclocque, | + | 1856. | Rosalie | de Beuguy d'Hagerue, | + | 1865.

César | de Hauteclocque | 1871.

Raoul | de Hauteclocque | + | 1868.

Cte C^tin (*Constantin*) de Hauteclocque | 1884 | Félicie de Rouvroy | 1872.

Ludovic Stanislas | de Hauteclocque 1904 | Marie d'Hespel de Flencques, | 1873.

L. J. François | de Hauteclocque | + | 1829 | 2èmes noces Julie | de Monet de Lamarck | + | 1834.

<table>
<tr><td colspan="2">III—Louis de Belvalet,   Claude de Torcq Harpin.
éc. sgr de Troisvaux.</td><td>Antoine Vignon
s^r d'Ouvencourt,
Berneville, etc.,
élu d'Artois
† le 19 avril 1622</td><td>Marie Couronnel
† le 17 mars 1614, inhumés
tous deux à St Jean Ronville
à Arras (Généal. Couronnel,
p. 112)</td></tr>
<tr><td colspan="2">Jean de Belvalet, écuyer
sgr de Flines en Auberchicourt</td><td colspan="2">Anne Vignon
d'Ouvencourt</td></tr>
</table>

Marguerite de Belvalet
dame de Flines en Auberchicourt
† 23 mars 1693, 95 ans, inh^ée au chœur
de l'église des Récollets à Wail
mariée p. c. du 19 mars 1632 à Philippe de Hauteclocque † 1635
remariée à F^ois Haccart (Goethals, généal. Hauteclocque).

(a) A Auxy-le-Château, pierre tombale de Guislain du Bus et de Marie Lescuyer ; — et peinture murale offerte par eux en 1594 en l'honneur du nom de Jésus, et ornée de leurs quartiers. Ceux de Marie Lescuier sont : *Lescuier* (d'azur à 8 fusées d'or en sautoir), *Vandenbrandt*, *Wtenhone* (sic pour Utenhove : d'or à 3 fasces de gueules, au cor de chasse (?) de sable en chef) et *Vander Onstine* (Van de Wœstine).

(1) « Il y avait à Wail une chapelle castrale avec caveau de sépulture, fondée vers la fin du xvie siècle par Wallerand de Hauteclocque, légat *a latere*, sous le vocable de saint François d'Assise, patron de sa famille ». (*Dict.* cité, p. 385).

Léopold | de Hauteclocque | + | 1867 | Clémence | de Navigheer de Kemmel | + | 1865.

Alphonse François Philippe | chevalier de Hauteclocque | + | 1874. | Marie Sidonie | Lefebvre du Hodent | + | 1885.

Marie de Hauteclocque | 1823-1891 | Bauduin de Hauteclocque | 1869-1874. | Gauthier de Hauteclocque | 1873-1873. | Olivier de Hauteclocque | 1896-1897.

WAMIN

I. — ÉGLISE NOTRE-DAME

En forme de croix latine. Sauf la partie basse de la façade, qui est du xvie siècle, l'édifice entier date de

1664

millésime gravé sur l'arc triomphal, en plein cintre.

On remarque à l'extérieur les restes d'une ancienne litre funéraire.

Une belle pierre tombale bleue, malheureusement tout effacée, où l'on ne peut plus distinguer que quelques lignes d'ancien dessin, recouvre l'entrée du caveau des Fléchin, seigneurs de Wamin, à l'entrée du chœur. Cette pierre semble plus ancienne que l'église.

« L'ouverture de ce caveau a 1^{m}50 de long sur 0^{m}60 de large ; à 0^{m}60 du sol commence un escalier, formé de six marches en briques rouges ; il conduit au caveau lui-même, qui s'étend à 1^{m}60 de la balustrade dans le sens de la longueur du chœur, c'est-à-dire vers le levant. C'est une petite cave non pavée, presque carrée, longue de 2^{m}50, large de 2^{m}58, haute de 1^{m}80 au point le plus élevé de la voûte. Les quatre murs sont en pierres blanches ; la voûte est en briques recouvertes d'un plâtrage sable et chaux. Une seule fosse est creusée au milieu du caveau, du couchant au levant ; elle est peu profonde, 1 mètre de profondeur à peine. Quand cette fosse fut ouverte, le 29 7bre 1892, les ossements de onze personnes y ont été retrouvés ; or, d'après les registres de catholicité conservés aux archives de la mairie de Wamin, onze membres de la famille de Fléchin ont été enterrés dans le chœur depuis 1669 ; ce sont, par ordre de date :

« 1681, 21 avril. — Edouard de Fléchin, seigneur de Wamin, 54 ans.

« 1686, 20 janvier. — Adrienne Thérèse de Wallèche, mère de Antoinette d'Assonneville, et par suite belle-mère de François de Fléchin, mort en 1705.

« 1705, 3 mai. — Marie Jeanne de Brandt, veuve d'Edouard de Fléchin, 75 ans.

« 1705, août. — François de Fléchin, marquis de Wamin, fils des précédents.

« 1711, 4 octobre. — Procope-François de Fléchin, fils du précédent, 15 ans.

« 1729, 21 janvier. — Jeanne Elisabeth de Fléchin, sœur du précédent.

« 1729, 21 mai. — Guillaume Joseph de Fléchin, frère de la précédente, 36 ans 1/2.

« 1749, 4 août. — Edouard François de Fléchin, marquis de Wamin, 63 ans.

« 1753, 12 mai. — Marie Alexandrine d'Ennetières, veuve du précédent.

« 1762, 20 mars. — Joséphine Alexandrine de Fléchin, fille du suivant, 20 ans.

« 1780, 20. Xbre. — Joseph Hippolyte Alexandre de Fléchin, marquis de Wamin.

« Nota. — Il semble que le caveau date de 1664 environ, époque de la reconstruction de l'église ; les pierres blanches sont les mêmes que celles de l'église ; de plus, onze personnes y ont été enterrées depuis 1669 ; donc, avant cette époque, les Fléchin n'étaient pas enterrés dans ce caveau, car on y aurait retrouvé leurs ossements » (1).

La cloche date de 1838 (2).

---

(1) Histoire manuscrite de la paroisse de Wamin, par M. l'abbé Lefebvre.

(2) Cette cloche, d'un poids de 1400 livres (diamètre : 1m05), porte l'inscription suivante :

D'un côté :   ✠ LAN 1838 J'AI ETE NOMMEE ALFREDE CECILE
               ✠ PAR M. ALFRED DE GOUY ET D. CECILE DE GOUY
               ✠ SA SŒUR.

De l'autre côté : ✠ JAI ETE BENITE PAR M. LUCIEN HIEULLE
                   ✠ CURE DE WAMIN M. FOSSETTE MAIRE
                   ✠ M. FRANÇOIS J. LOEUILLET ADJOINT
                   ✠ M. SERAPHIN CARON TRESORIER DE LA FABRIQUE

En bas : GORLIER FONDEUR A FREVENT.

On lit dans le registre de catholicité de 1714 :

« Le 19 de mars 1714, la plus grose (sic) cloche de cette paroise (sic) a esté bénite,

Il existe actuellement dans le clocher de Nesle-lez-Verlincthun, en Boulonnais, une cloche de l'an 1400 (1), — la plus ancienne du département avec celle de Boncourt en Fléchin, — portant l'inscription suivante :

✠ l'au m et cccc fumes faites v mois de iuin et me leua aelis de marle dame de vvamin et antone de crequj demifele
de vvamin et nous fift iehan de vuachenille

La seconde ligne, au lieu d'être au-dessous de la première, se trouve au-dessus, c'est-à-dire sur le cerveau de la cloche ; elle est moins bien fondue et difficile à lire.

Aucun autre ornement qu'une pièce de monnaie peu distincte, marquée d'une grande croix pattée. Diamètre : 0ᵐ66.

Je ne serais pas étonné que cette cloche ait été fondue pour l'église de Wamin, car tout, dans son inscription, concerne ce village et rien n'y intéresse Nesle.

Le fondeur Jean de Wacheville était jusqu'ici inconnu, je crois. Quant aux deux femmes citées sur l'inscription, elles appartenaient à la plus vieille chevalerie du pays. D'après une généalogie manuscrite des Blondel de Joigny (2), Alix de Marle, fille de Louis de Marle, chevalier, seigneur dudit lieu, et de Jeanne de Neuville, sa première femme, épousa : 1° Jacques de Contes, seigneur de Contes, qui fut tué à la bataille d'Azincourt ; 2° « elle épousa Beudeau (?) de Créquy, dont vint le seigneur de Gourny ». Il semble qu'il y ait interversion, et qu'Alix a dû épouser Créquy en premières noces, puisque le

---

dont Monsieur le Marquis et Madame la Marquise de Wamin ont esté parin (*sic*) et marinne (*sic*), la nommant Alexandrine par moy curé dudit lieu soubsigné.

    « Et bénite par moy :   Am. Payent, curé.

      « Alexandrinne Dennetières la marquise de Wamin.

      « Par moy le marquis de Wamin. »

(Communication de M. Georges Vallée).

    « La grosse cloche fut refondue en 1719 pour 50 livres ; elle était sans doute trop grosse, car on lui enleva 66 livres de métal qui furent vendues à l'église de Saint-Georges pour 35 sols la livre ; en tout : 115 livres 10 sols » (*Hist. mss. de la paroisse de Wamin*, par l'abbé Lefebvre).

    (1) Je l'ai étudiée dans le *Bull. de la Soc. des Antiquaires de France*, 1905, p. 335.

    (2) Manuscrit de Pierre d'Hozier, 1638, bibliothèque du marquis de Longvilliers.

sire de Contes n'est mort qu'en 1415. Au lieu de : « d'où vint le *seigneur de* Gourny », ne faut-il pas lire « la *dame* de Journy » ?

Quant à Antoinette de Créquy, on sait que Guilbert ou Guillaume de Fléchin, dit le Haze, écuyer, seigneur de Journy, devint vers 1409 seigneur de Wamin par son mariage avec *Marie* (lisez sans doute *Antoinette*) de Créquy, dame de Wamin, fille d'Arnoult, seigneur de Rimboval, Sains, Planques et d'Esgranges, et de Marie d'Auxy (1).

La généalogie de Créquy, par Dumont (2), mentionne *Antoinette* de Créquy, dame de Wamin, femme de N... de Fléchin, comme septième enfant d'Arnoud de Créquy, chevalier, seigneur de Sains, Bavinchove, Eecke, Raimboval, des Plancques, des Granges, en 1371, et de Marie d'Auxy. Mais, ces deux époux s'étant alliés en 1347 d'après le même auteur, il est peu probable qu'ils aient eu une fille encore assez jeune pour se marier en 1409. Je pense donc qu'Antoinette est fille unique d'un second lit d'Arnoul avec Alix de Marle. La seigneurie de Wamin devait venir de cette dernière, car ni Arnoul ni ses ascendants ne l'ont possédée. Arnoul est mort en 1384, ayant testé en décembre de cette année (3).

II. — CIMETIÈRE

Epitaphes de la famille Lefebvre de Gouy.

1° Pierre levée. — Ecu *de sable au chevron d'argent chargé de 3 roses de gueules* (4). — Couronne de marquis ; supports : 2 levriers regardants.

---

(1) Mss. généalogiques Godin, à la Bibliothèque d'Arras.

(2) *Recueil généalogique de plusieurs familles originaires des Pays-Bas ou y établies*, t. II, 1778, p. 154.

(3) Une généalogie manuscrite de La Viefville, dressée en 1527 par le sire de Thiembronne et conservée au chartrier de Beauvoir-Rivière, dit que Guillaume de Fléchin, chlr, sᵣ de Journy, Sernye (fils de Guillaume et d'Anne de Saveuse), épousa dame Anthoinette de Créquy, fille de Jean et d'Anthoinette de Havesquerque, dame de Wamain et de Marles les Monstreulle. Tout cela est assez confus.

(4) Les armes complètes des Lefebvre de Gouy sont : *écartelé 1 et 4 d'azur au chevron d'or accompagné de 3 étoiles du même ; 2 et 3 d'or à 3 fasces d'azur surmontées de 3 rencontres de bœuf de gueules, et accompagnées en pointe d'une fleur de lys du même ; sur le tout, de sable au chevron d'argent chargé de 3 roses de gueules.*

D. O. M.

ICI REPOSE LE CORPS
DE MESSIRE BERNARD
VALENTIN JOSEPH
LEFEBVRE
DE GOUY, ÉCUYER,
ANCIEN SEIG^R DE GOUY-TERNAT,
CRÉPY-ÉQUIRE EN PARTIE
ET AUTRES LIEUX
DÉCÉDÉ MAIRE
DE LA COMMUNE DE WAMIN
LE 9 AOÛT 1825
AGÉ DE 77 ANS

Priez Dieu pour le repos de son Ame

2° Pierre levée. — Ecu au chevron ondé (?), sommé d'une fleur de lys, et accompagné en pointe d'un cerf couché (1). — Couronne de comte. Supports : 2 lions regardants.

D. O. M.

ICI REPOSE LE CORPS
DE DAME ELISABETH
HIRZEL DE St GRATIEN
NÉE LE 27 7BRE 1754
VEUVE DE MESSIRE BERNARD
LEFEBVRE DE GOUY
DÉCÉDÉE A WAMIN
LE 20 MARS 1833
PRIEZ DIEU POUR LE REPOS DE SON AME.

3° Pierre plate :

✠

CHARLES JOSEPH ALEXANDRE
LEFEBVRE DE GOUY
MARÉCHAL DE CAMP
CHEVALIER DE L'ORDRE DE S^T JEAN
DE JÉRUSALEM
COMMANDEUR DE LA LÉGION D'HONNEUR
DÉCÉDÉ A NANCY LE 19 9BRE 1847
AGÉ DE 58 ANS
DE PROFUNDIS.

---

(1) Hirzel (Bavière) : *d'azur à un cerf au naturel, couché sous une tente d'argent, le tout soutenu d'une champagne d'argent.* — Hirzel (Winterthur) : *de gueules à une tente d'argent, posée sur une terrasse de sinople, et un cerf de gueules, couché devant la tente* (Rietstap).

4° Pierre plate :

✠

GABRIELLE PHILIPPINE
LEBLANC DE CLOSMUSSEY
VEUVE DE
Mᵃ LE GÉNÉRAL DE GOUY
DÉCÉDÉE A WAMIN
LE 7 MARS 1883
AGÉE DE 85 ANS.
DE PROFUNDIS.
CHARLES DE GOUY
DÉCÉDÉ LE 13 DÉCEMBRE 1862
AGÉ DE 6 ANS.

5° Dalle plate : Alfred Charles Joseph Lefebvre de Gouy, ancien officier supérieur
d'artillerie, chevalier de la Légion d'honneur et de l'ordre de Pie IX, maire de Wamin
de 1865 à 1904, décédé à Paris le 7 mars 1904, à 84 ans (1).

------

(1) La tombe du dernier marquis de Wamin est à Maison-Ponthieu (Somme). Son
épitaphe sur plaque de cuivre est ainsi conçue :

(Téte de mort, ossements).
A LA GLOIRE DE DIEU
ET A L'HONNEUR DE LA VERTU HOSPITALIÈRE
LA PIÉTÉ RECONNAISSANTE
ICI REPOSE
LE CORPS DE HAUT ET PUISSANT SEIGNEUR
ARMAND EDOUARD HENRI COMTE DE FLECHIN
MARQUIS DE WAMIN NÉ COMTE D'HUSTE ET DU
Sᵀ EMPIRE ROMAIN, COLONEL D'INFANTERIE
CHEVALIER DE L'ORDRE ROYAL ET MILITAIRE
DE Sᵀ LOUIS DÉCÉDÉ A ABBEVILLE LE 23
FEVRIER 1816 SON ÉPOUSE SES ENFANS SES
AMIS EN LARMES METTENT LEUR CONFIANCE
DANS LA MISÉRICORDE DU SEIGNEUR ET
ATTENDENT DE SA BONTÉ QU'IL VOUDRA LUI
ACCORDER LA RÉCOMPENSE DE SES BONNES
ŒUVRES ET DE SES VERTUS.

Ce qui suit a été ajouté après coup, en plus petits caractères :

LE CORPS DE SON EPOUSE DAME MARIE AIMÉ DE PIQUET DE BONNAINVILLIERS
DÉCÉDÉE A ABBEVILLE LE 3 FEVRIER 1826 EST ICI RENDU A LA TERRE

III. — CHATEAU

Très vaste résidence, de belle apparence, mais sans style bien accusé ;
M. l'abbé Lefebvre pense qu'il fut construit vers 1650 (1) ; je croirais plutôt
qu'il date du commencement du xviii° siècle. Le corps de logis est flanqué de
deux pavillons saillants, qui ne sont pas d'équerre, et qui sont accompagnés
de diverses annexes. La construction est en briques et pierres. La basse-cour,
tout en pierres, venait d'être achevée lors de la Révolution. On ne voit aucune
date, sauf sur le pignon des remises, où une pierre saillante porte en relief le
millésime :

1688

L'aile ouest du château sur le jardin, tout en briques, semble plus ancienne
que le reste. Un cadran solaire décore le fronton central.

Dans les appartements, on voit plusieurs portraits fort remarquables, du
temps du premier Empire, entr'autres celui de la générale de Gouy avec son
fils aîné.

Le centre du parquet du salon d'entrée est orné d'une croix de Saint-Louis
en marqueterie ; cette décoration est répétée au plafond, exactement au-dessus.

SON AME EST RETOURNÉE VERS DIEU.
SUPERIEURE A LA PROSPERITÉ DONT ELLE EPROUVAT LES FAVEURS, A
L'ADVERSITÉ DONT ELLE ENDURAT LES RIGEURS A LA MORT DONT ELLE
NE CRAIGNIT POINT LES FRAYEURS.
PUISSENT SES VERTUS LUI MÉRITER GRACE DEVANT DIEU.
   AMEN
  REQUIESCAT IN PACE.

(1) « La famille de Fléchin, croyons-nous, vint habiter Wamin dans la première
moitié du xvii° siècle, après la prise d'Hesdin par les Français. Les centièmes de 1569
nous disent que Jean de Fléchin ne possédait à Wamin que le Bois-Robert et une
ferme louée à Philippe Lejosne ; il n'y avait pas de château. Les registres de catholicité de Wamin commençant en 1669 nous marquent le baptême d'un de Fléchin.
Cette famille demeurait donc à Wamin ; d'ailleurs, le château date de cette époque.
A notre humble avis, ce fut Edouard de Fléchin, mort à Wamin en 1681, qui bâtit le
château vers 1650 après la prise définitive d'Hesdin par les Français (1639). *Antea*
ce pays était sous la domination espagnole, et les Fléchin étaient au service des Rois
de France. Ils ne devaient donc pas habiter Wamin avant 1640 environ ». (*Hist.
mss. de la paroisse de Wamin*).

IV. — VILLAGE ET ÉCARTS

M. l'abbé Noël, curé de Wamin, possède un cache-pot cylindrique en cuivre, avec les armes de Fléchin gravées dans un cartouche : *fascé d'or et de sable de six pièces.*

La ferme du Bois-Saint-Jean, ancienne commanderie de l'ordre de Malte, n'a plus qu'un corps de logis, inachevé, du commencement du xix° siècle ; on dit cependant qu'il contient encore une salle très ancienne. Le pignon d'une grange est daté de 1818.

Le manoir de Rumenville, fief qui fut longtemps aux Gosson, est ancien, mais n'a presque rien conservé de son état primitif. Il ne reste plus qu'une fenêtre ornée d'un tympan à coquille, en pierre du pays ; la fenêtre, à petits carreaux, n'a pas de meneau. Le pignon sur la rue est en assises de pierres et de briques. A l'intérieur, on voit d'anciennes poutres unies, supportant le plafond, mais qui autrefois devaient soutenir de petites voûtes de briques. Je n'ai remarqué aucune date (1).

WILLEMAN

I. — ÉGLISE SAINT-SULPICE

Belle tour fortifiée du xv° siècle ; carrée jusqu'à l'avant-dernier étage et terminée par un chemin de ronde à créneaux, flanqué aux quatre angles de tourelles à poivrière, en encorbellement sauf une seule qui monte de pied et contient l'escalier en vis. En retrait sur le chemin de ronde, l'étage supérieur, de forme octogone, a des fenêtres en tiers-point entre lesquelles on a, sur les angles, appliqué de grands pinacles flamboyants. Ce clocher semble le plus ancien et le prototype des clochers octogones assez fréquents dans le Ternois, mais il est surtout intéressant par ses dispositions fortifiées, qui en font « l'un des plus remarquables du Pas-de-Calais » (2).

---

(1) Note de M. de La Charie.

(2) Cf. notice de M. Cl. Normand, *Eglise de Willeman*, dans la *Stat. Mon. du Pas-de-Calais*, t. II, fascic. 14. — La tour et la flèche ont été réparées de 1622 à 1635, en 1712 et en 1786.

Le plan de l'église comprend une nef à deux bas-côtés, ancienne, mais très remaniée, deux croisillons voûtés d'ogives, et un chœur en hémicycle, bâti en briques et datant de 1770, très laid. Le croisillon sud porte encore des traces évidentes de fortification.

Deux grés piqués au milieu du parement du mur ouest de ce croisillon, à l'extérieur, portent les inscriptions suivantes en relief :

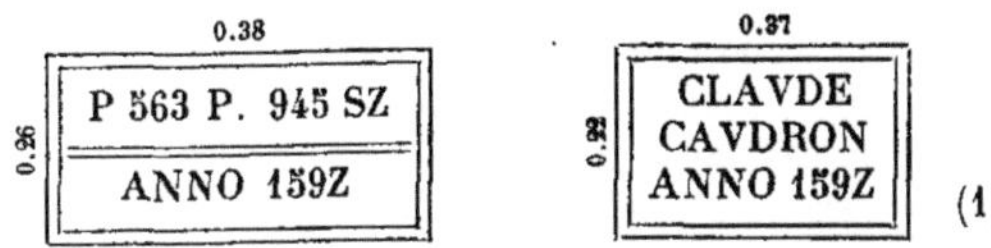

Ces deux pierres sont de la même date, mais non de la même main ; la première inscription est incompréhensible. Le nom de Claude Caudron doit être celui d'un piqueur de grés (2).

Une très petite chapelle seigneuriale flanque le chœur au nord (3). Contre son mur de l'Est, à l'intérieur, est dressée une belle pierre tombale de la famille Lhoste, avec quartiers ; c'est une dalle grise de 1m87 sur 1m, dont voici l'inscription (où se remarque le mélange du V et de l'U moderne) :

---

(1) Les 2 en forme de Z ; les lettres P incertaines.

(2) D'après le Questionnaire Cardevacque, une troisième pierre porte :

15 ★ 96

SSOVPH.

« Trois pierres placées dans la muraille près de l'entrée portent les dates 1492-1644-1696. » (G. de Hauteclocque, *Dict.* cité, p. 392).

(3) « Les Lhoste de Willeman avaient construit contre le chœur un deuxième caveau en avant de leur chapelle sépulcrale, chapelle de la Vierge. Ce petit caveau ne contient que le corps de Marie-Adélaïde Lhoste de Willeman, épouse de François-Marie de Partz de Pressy, décédé le 20 8bre 1834. Les autres membres de cette famille sont inhumés soit dans le chœur actuel, soit dans la nef du milieu, soit dans le terrain situé le long de l'église contre la route de Noyelles. » (Journal de Zacharie Vandal, 1710-1860 ; mss. au château de Willeman).

17

D. O. M.

CY DEVANT REPOSENT LES

CORPS DE FRANCOIS IACQUES

LOSTE VIVANT ECUŸER

SEIGNEUR DE CE LIEU ET

PAROISSE DE WILLEMANT

D'ESTERBECQUE S^T LEGER

EN BLANGY CLETŸ D'AVAL

ET AVTRES LIEUS, ET DE

DA^E. MARIE MARGVERITE LE

RICQVE, FILLE DE FEU IEAN

PROCOPE LE RICQVE, VIVANT

ECUŸER SGR D'ALLENNES

SON EPOUSE, LESQUELS TRE=

PASSERENT SAVOIR LE

DIT SGR DE WILLEMANT

LE V DE MARS MDCCV

AGÉ DE LXV ANS ET LA

DITE DA^E. SON EPOUSE LE

XXVIII DE DECEMBRE MDCCX

AGÉ DE XLV ANS

REQUIESCANT IN PACE.

En haut, écus ovales aux armes Lhoste et Le Ricque, accolés sous un heaume de trois quarts à dextre, avec lambrequins. Dans l'angle senestre, on a ajouté, après coup, ces mots :

1783

P.

DEPARTZ

MQS

DE PR SSY

E

En dessous de l'épitaphe, un sablier entre deux faux inclinées, et une banderole cintrée portant cette sentence :

HODIE MIHI CRAS TIBI.

Quartiers de dextre (1) :

LOSTE : bande engrelée (ou plutôt vivrée), au chef d'azur. (La bande broche sur le chef). — *D'argent au chef d'azur, au filet vivré brochant en bande, de gueules* (2).

LE MERCHIER : écartelé, 1 et 4, à 3 bandes ; 2 et 3, à 3 fasces. (Les quartiers sont intervertis). — *Ecartelé 1 et 4 d'argent à 3 fasces d'azur ; 2 et 3 d'argent à 3 bandes d'azur.*

DE VARGELOT : un sautoir et un écu en franc-quartier (3). — *D'argent au sautoir de gueules à l'écusson aussi de gueules brochant sur le sautoir et posé au canton dextre du chef touchant les bords de l'écu.*

DES LYONS : 4 lions. — *D'argent à 4 lions de sable, posés 2 et 2.*

LAVRIN : fretté. — *De sinople fretté d'or* (4).

DE MONS : un créquier. — *De sable au créquier d'argent.*

HAUTECLOCQUE : croix chargée de 5 coquilles. — *D'argent à la croix de gueules chargée de 5 coquilles d'or.*

MIRAVMONT : 3 besans. — *d'argent à 3 tourteaux de gueules.*

Quartiers de senestre :

LE RICQVE : chevron chargé de 3 roses. — *D'argent au chevron de gueules, chargé de 3 roses d'argent* (5).

---

(1) Les hâchures sont très peu visibles partout, et même invisibles sur l'écusson de Mons, sur le second parti de l'écu Le Carlier, et aussi sur la bande des Loste. Le *sinople* est figuré à l'envers sur tous les écussons où ce métal se rencontre.

Beaucoup de ces armoiries sont inédites et ne se trouvent dans aucun armorial.

(2) L'Armorial général de 1696 donne les armes suivantes :

« François Jacques Loste, écuier, seig<r> de Wilmant : *d'argent à un chef d'azur.* » (Edit. Borel d'Hauterive, *Armorial d'Artois et de Picardie*, p. 107).

Lhoste : *écartelé 1 et 4 d'argent au chef d'azur, à un filet vivré de gueules brochant en bande ; au 2 de vair à la croix dentée de gueules ; au 3 d'argent à la fasce de sable, accompagnée de 3 merlettes de même ; en abîme, un écusson plein de......* (Le Pez, église Saint-Sépulcre. — J. D. de Pas, *L'Échevinage de Saint-Omer*, p. 321).

(3) Il sera parlé de l'écusson de Vargelot dans l'*Épigraphie du canton de Fauquembergues,* article Saint-Martin d'Ardinghem.

(4) Rietstap. — Cf. ci-dessus, pp. 24-25.

(5) Ces armes sont ainsi décrites dans le *Recueil de la Noblesse des Pays-Bas*, de M. de Ternas, p. 97 : *d'argent au chevron de gueules, à 3 roses d'azur, œillées d'or.* — L'Armorial de 1696 donne à « Marie Marguerite Le Ricque, femme de François Jacques Loste, écuier, seig<r> de Wilmant : d'argent à un chevron de gueules *chargé de 3 roses d'argent* (Edit. Borel d'Hauterive, p. 107). C'est bien l'écu de notre pierre.

DELECANDELE : 3 chaperons, 2 et 1. — *D'or à 3 chaperons ou capuchons de sable.*

CHARLEM : 3 houssettes, 2 et 1. — *D'argent à 3 houssettes de sable, éperonnées d'or.*

SEGARD : 2 fasces accompagnées de 6 oiseaux, 3, 2, 1. — *De sinople à 2 burelles d'or, accompagnées de 6 oiseaux de...* (avec becs et pattes).

ESPILLET : chef chargé de 3 étoiles. — *De sinople au chef d'argent chargé de 3 étoiles de gueules* (1).

BROGNARD : chevron accompagné de 3 mûfles de léopard. — *D'or au chevron d'azur, accompagné de 3 têtes de léopard du même, lampassées de gueules.*

DE BLAS : heaume sommé d'une étoile ; lambel de 3 pendants. — *De gueules au heaume sommé d'une étoile, au lambel de 3 pendants, le tout d'or.*

LE CARLIER : parti 1) à 2 roues superposées ; 2) au lion. — *Parti : 1) de gueules à 2 roues d'or mises en pal ; 2) d'argent au lion de sable, armé et lampassé de gueules* (2).

---

(1) Rietstap. — Alias : de sinople au *chevron* d'argent chargé de 3 molettes de gueules (Du Hays, *Esquisses généalog.*).

(2) Voici la reconstitution des quartiers de cette pierre :

Chrisogon Loste, écuyer, sgr de Steerbecque.	Isabeau Merchier.	Mathieu de Vargelot, greffier de la ville de St-Omer.	Anne des Lyons.	Jean Laurin.	N.... de Mons.	Hugues de Hauteclocque, éc., sgr des Moniaulx homme d'armes des ordonnances du Roi.	Mir.
Philippe Loste, écuyer, sgr de Sterbecque, Le Flégart, etc.		Claire de Vargelot, mariés le 4. 7bre 1593		Jean Laurin, sgr de Palfart, maintenu noble par arrêt du Conseil d'Artois le 3 février 1630		Antoinette de Hauteclocque (Cf. *Généalogie de Hauteclocque*, p. 15)	
Eustache Loste, écuyer, sgr de Willeman. Sterbecque, Cléty d'Aval, Le Flégart, etc.			Marié en 1634 à			Marie Laurin	
François Jacques Loste, écuyer, sgr de Willeman,							ma con

Contre le pied droit sud de l'arc triomphal :

Marbre blanc cintré ; 1ᵐ02 × 0ᵐ63.

(Calice, hostie, étole posée en cintre ; à gauche, un encensoir ; à droite, des burettes).

ICŸ REPOSE LE CORPS
DE Mᴱ F : J : DELAÏRE
CURÉ DE CETTE PAROISSE DEWILEMAN
QUI APRES AVOIR EXERCÉ LES FONCTIONS
A L'ESPACE DE 36. ANS   *(sic)*
ECCLESIASTIQUES, EN VRAŸ PASTEUR
ZELÉ, PIEUX, SCAVANT, LA BORIEUX   *(sic)*
CHARITABLE ET AÏMÉ D'UN CHACUN ;
REGRETTÉ DE TOUS LES PAUVRES
EN QUI IL REPANDOIT DE FREQUENTES
ET A BONDANTES *(sic)* LIBERALITÉS

..E RICQUE, Allennes, ..e l'abbaye ..nt-St-Eloy ..n d'Arras des Etats ..s en Cour tiers-état.	Agnès de LE CANDELE mariée à Lille par contrat du 13 janvier 1606.	Barthélémy CHARLEM sgr des Pretz, de Caffort, prévôt de Béthune	Marguerite SEGARD	Jacques ESPILLET sgr de Marquais prévôt de Béthune.	Adrienne BROGNARD (alias Bregart).	Jean DE BLAS sgr de Rocourt marié à Arras contr. 14 janvier 1598, fils de Pierre avocat au Conseil d'Artois, et Marie Ocquier.	Barbe LE CARLIER

..amoral LE RICQUE c. sgr d'Allennes, Arras le 15 Xbre 1610, à Béthune par contrat ..u 2 janvier 1633	Marguerite CHARLEM	Antoine ESPILLET, sgr de Marquais et de Boiscreson, procureur du Roi à Béthune en 1642

		Catherine DE BLAS, mariés paroisse St-Géry d'Arras, 30 septembre 1628

Jean Procope LE RICQUE, éc. sgr d'Estourelles et d'Allennes	marié à Béthune par contrat du 2 février 1664 à	Marguerite Antoinette ESPILLET *(Généalogie Le Clément de Taintegnies, par Goethals).*

..bre 1682	Marie-Marguerite LE RICQUE

TANT POUR LE SPIRITUEL QUE
POUR LE TEMPOREL,
EST DECEDÉ MUNI DES SACREMENS
LE 29. MAŸ 1774. AGÉ DE 64. ANS
· *PRIEZ DIEU POUR SON AME*

Sur banderole :   UT REQUIESCAT IN PACE AMEN·

(*Tête de mort, ossement, faux, torche, laurier*) (1).

A la sacristie, on remarque deux reliquaires en bois du xviiie siècle, en forme de buste et de main, contenant des reliques de saint Sulpice le Débonnaire, archevêque de Bourges et patron de la paroisse (2).

Il y avait autrefois deux cloches à Willeman ; l'une a disparu à la Révolution ; l'autre portait l'inscription suivante :

JE SUIS NOMMEE ADELAIDE PAR NOBLE ET ILLUSTRE SGR MESSIRE FRANÇOIS MARIE DE PARTZ CHEVALIER MARQUIS DE PRESSY SGR DE CREPY ETC. ET PAR NOBLE ET ILLUSTRE DAME MARIE ADELAIDE LOSTE SON ÉPOUSE DAME DE WILLEMAN DE CLETY DE S^T LEGER ETC. — 1777. — BAUDOIN (3).

---

(1) « Le curé Delaire, né à Bonnière, bon et saint prêtre, a donné une bonne instruction religieuse pendant les longues années qu'il a été curé de Willeman. Il est mort en 1770. Son épitaphe dans l'église constate toutes ses bonnes qualités. De 1820 à 30, il existait encore un certain nombre de personnes, ses élèves pour la première communion. Elles se faisaient remarquer par leur instruction religieuse et leur piété. Elles se rappelaient toujours les instructions et les bons soins qu'il leur avait donnés. On peut avec raison attribuer à ces bons principes la foi et l'ordre qui ont régné pendant la Révolution, et qui ont distingué Willeman des paroisses circonvoisines. » (Journal de Zach. Vandal).

(2) Cf. R. R., *Les corps saints de Montreuil*, p. 240. — « [Après 1817], la statue et le bras-reliquaire de saint Sulpice, tout vermoulus et plusieurs doigts cassés, attachés par un fil, ont été réparés à neuf, et la relique y fut incrustée. — Reconnaissance des reliques faite par témoins. » (Journal de Zacharie Vandal).

« Le petit ciboire en argent, sur le pied duquel était inscrit le nom de la donatrice, marquise de Pressy, fut changé, avec un ancien ciboire en cuivre argenté, pour le ciboire actuel. » (Vers 1835-1837) (Id.).

(3) Ce dernier nom est celui du fondeur ; on lit dans le livre des comptes, tenus en 1777 par Antoine Lefebvre, sous les auspices de M. Deslavier, curé, de M. le marquis de Pressy, sgr de Willeman, et des marguilliers, la note suivante :

« Le 6 juin, païer à Charles Baudouin, fondeur, la somme de cent cinquante six livres,

Il y a vingt-cinq ou trente ans, on lisait encore dans le cimetière, sur une pierre tombale brisée :

CŸ GIST LE CORPS
DE PIERRE SULPICE
MARIE CAPENDU
DÉCÉDÉ LE 14 AOUST
1750, AGÉ DE 24 ANS
PRIÉ DIEU POUR SON AME
REQUIESCAT IN PACE. (1)

à compte de ce qui lui est dû par la fabrique : 156 l. o. » (Inscription et note envoyées à la Commission par M. Delannoy, alors curé de Willeman, en 1877).

Cette cloche pesait 470 kg. ; refondue en 1878, elle fut augmentée de 539 kg. et pèse aujourd'hui 1009 kg. (Prix : 2.400 fr.). Voici son inscription :

D'un côté :

JE SUIS NOMMEE CLOTILDE
PAR Mᴿ LE COMTE CHRISTIAN
ET PAR Mᴸᴸᴱ CLOTILDE ENFANTS DE Mᴿ LE MARQUIS DE PARTZ DE PRESSY
DEPUTE ET DE Mᴹᴱ LA MARQUISE DE PARTZ NEE D'ALSACE PRINCESSE D'HENIN
J'AI ETE BENITE PAR Mᴿ PLANQUE DOYEN DE FILLIEVRES

De l'autre côté :

M. A. DELANNOY CURE DE WILLEMAN ROBIDET MAIRE
ET M. DELGERY ETANT MES BIENFAITEURS
AVEC MM. HECQUET BRUNET J. VANDAL QUENTIN CL. LEFEBVRE
Mᴸᴸᴱ HECQUET Nᴹᴱ DU VALMET DE BOULOGNE MM. DE HAUTECLOCQUE
DE WAIL VALLEE VASSEUR BL. D'HESDIN BAIL DE BUCQUOY.
Marque : P. DROUOT FONDEUR A DOUAI (NORD).

En 1859, une cloche pour Willeman, pesant 105 kilos, fut fondue à Sin-le-Noble, près Douai, par Paul et Charles-Clément Drouot, frères (Note de M. Berthelé). Cette cloche n'est pas à l'église (sans doute à la mairie ou au château).

En 1658, Fargues, commandant d'Hesdin, en pillant le village, avait enlevé les cloches qu'il vendit pour payer sa garnison révoltée contre la France (G. de Hauteclocque, *Dict.* cité, p. 392).

(1) Lettre précitée de l'abbé Delannoy.

II. — CHATEAU

Bâti en 1703 et 1777 (?) (1), habité par le comte de Partz, ancien officier de cavalerie, ce château est de style Louis XV, composé d'un corps de logis et de deux pavillons en briques et pierres, et entouré de viviers et de fossés d'eau vive.

Le pigeonnier carré porte la date :

1729

L'aile gauche du château, celle de :

1725 (2)

On conserve dans le château plusieurs portraits en mauvais état, mais anciens et intéressants, et assez bons, de la famille Lhoste :

1° Marie Laurin, femme d'Eustache Lhoste ; robe curieuse, à la mode du temps des archiducs ; portrait vu jusqu'aux genoux ; écu Lhoste. — Légende :

œtatis 20.
A. 1630.

2° Portrait d'un Lhoste, retrouvé à Cassel ; armoiries.

3° Chanoine ; barrette et surplis ; buste de face ; très bon. D. IOANNES LOSTE· (XVIᵉ ou commencement XVIIᵉ siècle).

4° et 5° Deux très vieux portraits, homme et femme, bizarres.

6° Gentilhomme, XVIᵉ siècle ; armes grattées.

Etc.

III. — VILLAGE

CHAPELLE en ruine, du XVIIᵉ siècle, au bord d'un sentier. — Façade à pignon ; œil-de-bœuf dans le gable, entouré d'un larmier. Sous la corniche, pierre saillante portant ces mots :

NRE DAME
DE
BONNE
ESPERANCE.

---

(1) Ces dates sont données par le Questionnaire Cardevacque ; je ne sais quelle autorité on peut leur accorder.

(2) Le 5 est douteux.

Au-dessous, la porte et deux fenêtres en plein cintre, sous archivoltes en larmier, reliées entre elles. Murs latéraux, effondrés, en moëllons ; les parements seuls taillés. Pas de fenêtres latérales. Chevet à trois pans. Petite piscine. Berceau en plafond.

CALVAIRE sur la route. — Plaque de bois :
> *Ce Christ arraché par Liévin Dubois*
> *aux profanations des Révolutionnaires de*
> *1794 fut rendu à la vénération des fidèles*
> *par le Cte et la Ctesse de Partz le 20 8bre 1894.*

IV. — MANOIR DE VALLIÈRES

Assez curieuse gentilhommière du XVIIe siècle, bien conservée. Construction en pierre, à un étage sur rez-de-chaussée ; le tour des fenêtres à assises alternées de pierre et de brique. Au premier étage, une pierre sculptée donne la date en relief :

1679

Noter une ancre fleurdelysée.

La porte d'entrée, en cintre surbaissé, a un tympan en bois sculpté (sur linteau plat), et orné du soleil symbolique de Louis XIV. Au-dessus, petite niche (vide) à coquille, linteau et fronton interrompu.

Le vestibule et la salle à manger sont couverts de voûtains de briques, à dessins géométriques peu variés, reposant sur des poutres moulurées et sculptées ; celles du vestibule sont très ornées. L'escalier, à paliers droits, a une belle rampe en chêne sculpté, du temps de Louis XIV, à panneaux, rinceaux de dessins très variés, balustres tournés, etc. Les fleurs de lys qui ornaient, çà et là, cette boiserie, ont été bûchées à la Révolution. Cette très jolie rampe mérite d'être dessinée (1).

---

(1) Les voûtains de briques des manoirs boulonnais sont de dessin plus varié que ceux de Vallières ; mais, en revanche, les poutres y sont toujours brutes, et jamais un morceau de bois quelconque n'y a reçu la moindre sculpture. L'Artois est certainement en avance sur le Boulonnais à ce point de vue.

18

Une chapelle désaffectée, moins haute que le corps de logis, s'y accole et prolonge la façade ; elle porte, en relief, la date :

1685

La charpente est en carène renversée ; elle se termine par un chevet à trois pans, soutenu par des contreforts de brique (le reste des murs est en pierre de craie) ; il y avait deux fenêtres sur les pans latéraux du chevet, l'une en plein cintre, l'autre en arc légèrement brisé. La porte est en arc surbaissé. La corniche de la chapelle est plus ornée que celle du logis.

La seigneurie a appartenu, aux XVIIe et XVIIIe siècles, aux familles Croquison et Le Merchier de Renaucourt (1).

ROGER RODIÈRE.

---

(1) En terminant l'épigraphie du canton du Parcq, ce m'est un devoir et un plaisir de remercier de leur active et utile collaboration M. et Mme Ch. de La Charie ; en bonne justice, leur nom devrait figurer avec le mien, à la fin de ces pages.

ADDENDA

Page 35, ligne 17. — Sur les fondeurs HEUDEBERT. — 1550, 5 mai. — « Maistre Simon Huttebert et Jehan Huttebert, frères, demorans en la ville d'Arras », passent marché pour refondre trois cloches à Esquermes, près de Lille (Cf. le texte du marché, *Bull. Soc. d'Etudes de la Prov. de Cambrai*, 1905, p. 211).

En attendant que je donne, au supplément qui accompagnera la table de l'arrondissement de Montreuil, quelques détails complémentaires et rectificatifs sur la cloche de Zoteux, de 1514 (cf. *Canton d'Hucqueliers*, p. 84), je citerai ici la curieuse marque de fondeur qu'elle porte.

Le saint figuré sur la faussure n'est pas saint Christophe et ne porte pas d'enfant ; c'est saint Pierre sans aucun doute, et il tient une clef de chaque main. Autour de sa tête, une banderole se déroule, portant l'inscription suivante ·

𝔐. pierre (?) heudebert de abenille

C'est évidemment le nom du fondeur. Saint Pierre étant à la fois le patron de ce dernier, celui de l'église de Zoteux, et de la cloche nommée Perrine, avait triple titre à figurer sur cet airain. Mais il est à noter que cette image du saint, avec le nom du fondeur sur banderole, constitue la marque ou signature de Pierre Heudebert.

ARRAS, IMP. RÉPESSÉ. CASSEL ET Cie.

ADDITION

SAINT-GEORGES

M. Georges Vallée, député du Pas-de-Calais, conserve au château de Watteville six clochettes intéressantes ; la première mesure 10 à 12 centimètres de diamètre, et les autres 5 centimètres environ.

1° IOHANNES BVRGERHVYS . M. F. — Sur la panse, date **1676** ; et sceau : S. ANTHONY EVERAERS ; circulaire ; écu à l'aigle éployée et à trois fasces brochantes, à trois croisettes en chef (1). Heaume à lambrequins, cimé d'une croisette ; supports : deux lions.

2° ME FECIT IOHANNES A FINE A° **1553**. — Ornements : singe jouant d'un instrument indéterminé ; ours ; lapin ; Orphée ; chat ; oiseau, etc., etc. Anse cassée.

Cette sonnette provient des environs de Pau ; son auteur est le fameux Jean Van den Eynde, fondeur anversois dont les œuvres sont si recherchées et ont été l'objet de travaux intéressants (2). Cet objet est donc une rareté précieuse.

3° SIT NOMEN DOMINI BENEDICTVM. — Guirlandes ; Sainte Face ; anges ; vases de fleurs (3).

4° Double exemplaire de la précédente.

5° O MATER DEI MEMENTO MEI. — Vierge-Mère dans une niche gothique ; armes d'Empire ; anges ou génies nus.

6° Anépigraphe. — Vierge-Mère ; ange (détaché de la scène de l'Annonciation) ; têtes d'anges ailées.

---

(1) Everaerts (Flandre, Zélande) : *de sinople à 3 fasces d'argent ; au lion de gueules, couronné d'or, brochant sur le tout ; au chef du second, chargé de 3 croisettes de gueules (Rietstap).* Le cachet empreint sur la cloche fait, au contraire, brocher les fasces sur le lion.

(2) Van den Eynde latinisait son nom : *A Fine.* Cf. abbé Morillot, *Etude sur l'emploi des clochettes chez les anciens et depuis le triomphe du christianisme,* 1888, p. 169 et sq., et planche VIII ; B°ⁿ de Rivières, *à propos d'une nouvelle clochette de Johannes A Fine,* 1885, 11 pp., planche ; le même, *Une douzième de Johannes A Fine,* 1887, 8 pp., planche ; et surtout F. Donnet, *Les Cloches d'Anvers,* 1899, chapitre XXX, *les Sonnettes de Johannes A Fine,* pp. 322 à 334 ; et *Variétés campanaires,* du même auteur, pp. 52 à 58. Il est prouvé que Jean Van den Eynde, fondeur, vivait à Anvers de 1550 à 1553. On connaît environ une trentaine de ses sonnettes. (M. Donnet, *Cloches d'Anvers,* p. 329, en donne la liste).

(3) Cette sonnette serait aussi de Johannes A Fine ; l'abbé Morillot (p. 171 et planche VIII) et M. Donnet (*Variétés campanaires,* p. 120) attribuent à ce fondeur deux clochettes portant la même légende et des sujets du même genre. Cf. aussi les publications de la Société archéologique du Tarn-et-Garonne, qui s'est fait une sorte de « spécialité de l'étude des clochettes flamandes ». (X. Barbier de Montault).

Pierre tombale au château d'Arry
N... dame de Rollancourt

Église de Rollancourt
Helvis de Fresnoy.

Les deux Dames de Rollancourt
(XIII° ou commencement du XIV° siècle)

Estampage R. de Guyencourt

Estampage A. Lavoine

ERRATA

Trois erreurs se sont glissées dans la planche III (pierre tombale de l'église de Willeman).

1º Les *oiseaux* de l'écu Segard ne sont pas des merlettes ; ils ont becs et pattes bien visibles.

2º Le lambel, l'étoile et le heaume de l'écu De Blas semblent bien être d'*or* et non d'*argent.*

3º C'est par erreur que les armes des Laurin sont figurées *d'or fretté de sinople.* La pierre porte bien : *de sinople fretté d'or.* (A la page 25, ligne 35, c'est également par lapsus que le champ de ces armes est dit de *gueules* ; il faut lire *sinople*).

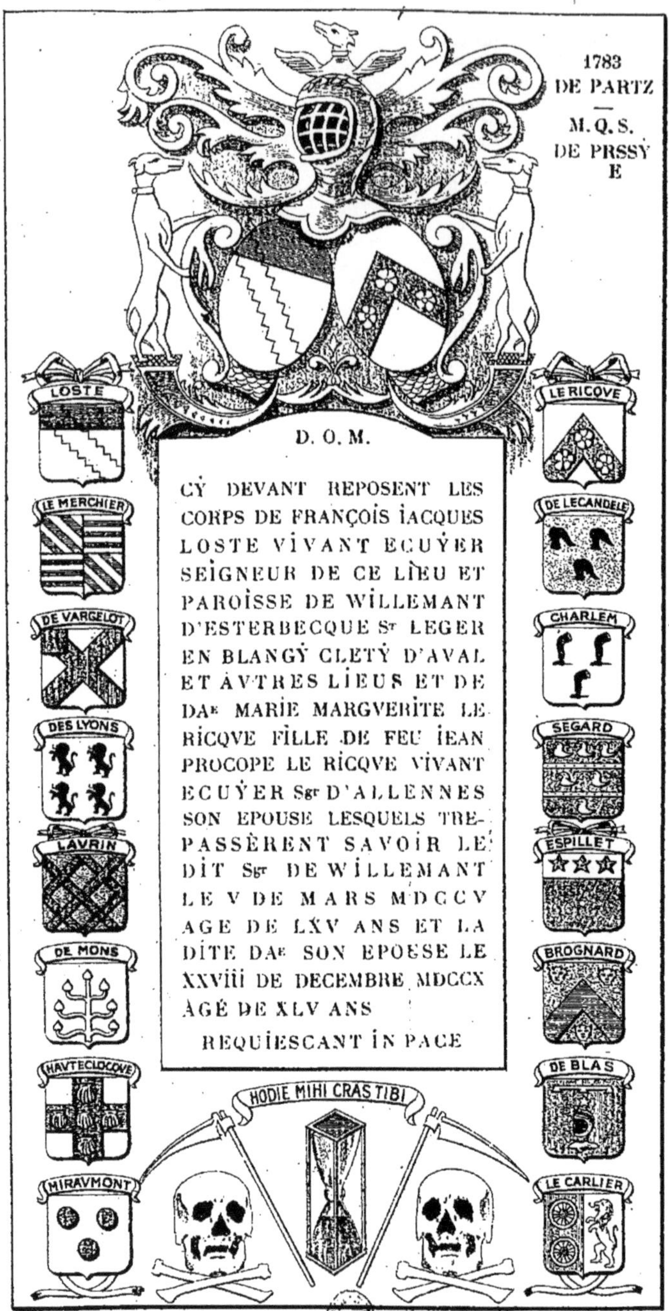

ÉGLISE DE WILLEMAN
Pierre tombale de la famille LHOSTE

I. — Pierre tombale d'Enguerrand, comte d'Hesdin, à l'abbaye d'Auchy.
II. — Inscription du bénitier de l'église de Rollancourt.
III. — Armes des Briois, des Le Liepvre et des Duval, en l'église de Neulette.

www.ingramcontent.com/pod-product-compliance
Ingram Content Group UK Ltd.
Pitfield, Milton Keynes, MK11 3LW, UK
UKHW021115220726
13924UKWH00004B/1717